diálogo do amor

COLEÇÃO A OBRA-PRIMA DE CADA AUTOR

diálogo PLUTARCO
do amor

Apresentação, tradução e notas
Maria Aparecida de Oliveira Silva

MARTIN CLARET

© *Copyright* desta tradução: Editora Martin Claret Ltda., 2015.

Título original: ἘΡΩΤΙΚΟΣ

DIREÇÃO	Martin Claret
PRODUÇÃO EDITORIAL	Carolina Marani Lima
	Mayara Zucheli
DIREÇÃO DE ARTE E CAPA	José Duarte T. de Castro
DIAGRAMAÇÃO	Giovana Gatti Leonardo
ILUSTRAÇÃO DE CAPA	Bikeworldtravel / Shutterstock
APRESENTAÇÃO, TRADUÇÃO, NOTAS E REVISÃO DO GREGO	Maria Aparecida de Oliveira Silva
REVISÃO	Lilian Sais / Waldir Moraes
IMPRESSÃO E ACABAMENTO	PSI7

Este livro segue o novo Acordo Ortográfico da Língua Portuguesa.

Dados Internacionais de Catalogação na Publicação (CIP)
(Câmara Brasileira do Livro, SP, Brasil)

Plutarco
  Diálogo do amor / Plutarco; apresentação, tradução e notas: Maria Aparecida de Oliveira. — São Paulo: Martin Claret, 2015. — (Coleção a obra-prima de cada autor; 327)

Bibliografia.
ISBN 978-85-440-0047-2

1. Filosofia grega antiga 2. Literatura clássica. I. Silva, Maria Aparecida de Oliveira. II. Título III. Série.

15-00762   CDD-180

Índices para catálogo sistemático:
  1. Filosofia grega antiga 180

EDITORA MARTIN CLARET LTDA.
Rua Alegrete, 62 – Bairro Sumaré – CEP: 01254-010 – São Paulo, SP
Tel.: (11) 3672-8144 — Fax: (11) 3673-7146
www.martinclaret.com.br
Impresso em 2015

SUMÁRIO

Introdução 7

DIÁLOGO DO AMOR

    Colóquio de Flaviano, Autobulo, filho de
Plutarco, e outros presentes 15
Notas 65
ἘΡΩΤΙΚΟΣ 99

INTRODUÇÃO

CONSIDERAÇÕES DE *DIÁLOGO DO AMOR*

Em *Diálogo do Amor*, Plutarco narra vários episódios amorosos para apresentar a sua teoria do amor, fundamentada pela proteção de Eros e pelo seu espaço de atuação, o casamento. O evento principal é o casamento de Ismenodora, uma jovem e rica viúva, com Bácon, um efebo e de menos posses que ela, e tem como argumento para o diálogo se o enlace deveria ou não se realizar. Há um desvio intencional do tema para reflexões sobre o amor, Eros e o casamento. Mas, enquanto os participantes discursam, os amantes atuam na realização de seu matrimônio. Ismenodora rapta seu amado, que não lhe oferece resistência, e logo inicia os preparativos para a celebração de seu casamento com Bácon. No fim do diálogo, surge um mensageiro anunciando o casamento e convidando os presentes para suas festividades, então os discursantes partem para as celebrações.

Plutarco elabora sua teoria do amor cujos preceitos não estão restritos ao seu discurso, mas expostos nos argumentos e contra-argumentos de todas as personagens e, ainda, é perceptível a proximidade teórica e estrutural de *Diálogo do Amor* com os diálogos platônicos *Fedro* e *O Banquete*.

Diálogo do Amor é um tratado composto tardiamente por Plutarco, estima-se que entre o final do primeiro e início do segundo século de nossa era, quando se dedica mais intensamente à escrita das biografias. Sabemos que sua escrita biográfica inicia-se em 68 d.C., no entanto as diversas atividades desempenhadas por Plutarco o impediram de dar continuidade à sua escrita, que será retomada somente após 96 d.C. e a finalizará por volta de 117 d.C.[1]

Jones afirma que *Diálogo do Amor* é um dos últimos tratados plutarquianos, escrito à época do imperador Adriano. Plutarco não inova ao compor um diálogo sobre o amor, há outros registros na literatura greco-romana. Para citarmos apenas os mais conhecidos, há três diálogos platônicos que, segundo Robin, circunscrevem a teoria platônica do amor, a saber, *Lísis*, *Fedro* e *O Banquete*.[2] Encontramos ainda a obra de Teofrasto intitulada *Do Amor*, Crítias e seu texto *Da Natureza e das Virtudes do Amor*, Diógenes de Sinope e o seu *Tratado do Amor*, os dísticos de Ovídio intitulados *A Arte de Amar* e a narrativa de Luciano de Samósata, *Amores*. Por sua natureza didático-discursiva, *Diálogo do Amor* tornou-se um dos tratados mais conhecidos de Plutarco, sua contribuição manifesta-se na composição de Luciano, que escreveu seu diálogo nos moldes platônicos. Outro ponto de contato entre esses diálogos está no fato de Luciano iniciar sua narrativa em um festival dedicado a Héracles, enquanto Plutarco inicia seu diálogo nas Erotídias. A influência de Plutarco faz-se presente também nos tratados matrimoniais redigidos pelos cristãos bizantinos entre os séculos IX e X, em autores como Eusébio de Cesareia e João Crisóstomo.[3]

Em uma estrutura de um diálogo dentro do outro, dez personagens dialogam neste tratado. Nota-se, entretanto, que somente homens gregos participam do diálogo principal,

---

[1] Christopher P. Jones, "Towards a Chronology of Plutarch's Works", *The Journal of Roman Studies*, vol. 56, parts 1 and 2, 1966, p. 70.

[2] Léon Robin, *La theorie platonicienne de l'amour*, Paris, Presses Universitaires de France, 1964, pp.10-17.

[3] Manuel S. Ramos, "Reencontrar Plutarco", in: *EROTIKA: Diálogo sobre o amor*, Lisboa, Fim de Século, 2000, p. 7.

a ausência de romanos nele, no entanto, não significa que eles não habitassem a cidade. A partir de uma inscrição dedicada pelos téspios a uma romana chamada Cornélia, esposa de Taurus (Dittenberger *IG* VII 1854),[4] Kajava realiza um estudo em que revela a presença de cidadãos romanos em Téspias desde a época de Augusto[5] e, ainda, que essa inscrição é de quando Cornélia foi desposada por Taurus.[6] Sobre essa cidade localizada na Beócia, Jones afirma que várias escavações empreendidas no altar das Musas demonstram que famílias proeminentes de Téspias receberam cidadania romana como forma de cooptação política, e que igualmente havia famílias de origem romana nessa cidade que exerciam funções relacionadas à administração política de Roma.[7]

Nesta obra, Plutarco escolhe um cenário que nos remete ao culto de Eros e das Musas, ideal para a exposição de sua teoria do amor. Primeiro, porque nosso autor entende que Eros é o deus regente da relação amorosa, atribuindo-lhe poderes superiores aos dos demais deuses. Outro aspecto a ser considerado é o fato de as Musas estarem relacionadas à sua teoria, pois elas, ao lado de Afrodite e das Cárites, auxiliam Eros na relação amorosa (*Diálogo do Amor*, 758C). Plutarco refere-se às Musas como propícias à capacidade humana de filosofar (*Da Virtude Moral*, 452B), inspiradoras de Platão (*Diálogo do Amor*, 764A), por isso a Academia foi consagrada a essas divindades (*Da Confiança*, 467E); em *Assuntos de Banquetes*, declara que é um devedor delas (736C), portanto o monte Hélicon mostra-se o espaço

---

[4] Mika Kajava, "Cornelia and Taurus at Thespiae", *Zeitschrift für Papyrologie und Epigraphik*, Bd. 79, 1989, p. 141.
[5] Idem, p. 145.
[6] Idem, p. 147.
[7] Christopher P. Jones, "A Leading Family of Roman Thespiae", *Harvard Studies in Classical Philology*, vol. 74, 1970, pp. 223-255.

propício à reflexão filosófica e aos discursos a respeito do amor.

A estrutura de *Diálogo do Amor*, segundo Ziegler, segue o modelo dos diálogos platônicos *Fedro* e *O Banquete*, cujo conteúdo influenciou toda a literatura posterior a Platão dedicada à reflexão sobre a natureza do amor, especialmente a literatura estoica,[8] predominante à época de Plutarco. O gênero literário escolhido por nosso autor segue uma longa tradição dentro da produção literária grega conhecida como érōtikoi *logoí*[9] ou *Diálogos do Amor*, que nos remontam especialmente a Platão. A escolha platônica pelo gênero dialógico explica-se pela sua natureza dialética,[10] que Platão, pelas palavras de Sócrates, apresenta no diálogo *Fedro*.

A transmissão do texto de *Diálogo do Amor, Erōtikós* (Ερωτικός) ou *Amatorius* deu-se por meio de dois manuscritos: o códice E (Parisinus, 1672), de 1302, e o códice B (Parisinus, 1675), datado do século XV, onde encontramos outros tratados, como *Da Malícia* de Heródoto. Conservados na Biblioteca Nacional de Paris, ambos os manuscritos apresentam várias lacunas

---

[8] Konrat Ziegler, "Plutarchos von Chaironeia", in: *op. cit.*, col. 798.

[9] A expressão "érōtikoi logoí" corresponde ao registrado por Aristóteles em *Política*, 1262b.11, onde afirma que Aristófanes proferiu discursos sobre o amor, *en erōtikois lógois hísmen légonta tòv Aristophánēn*, (εν τοις εοωτικοις λογοις ισμεν λεγοντα τον Αριστοφανην). V. Aristotle, *Politics*, translated by H. Rackham, Cambridge/Massachusetts/London, Harvard University Press, 1967.

[10] De acordo com Jean François Máttei, a dialética é percebida nos primeiros diálogos platônicos: "como a arte de perguntar e de responder, a dialética torna-se o método privilegiado para entender as realidades inteligíveis, não mais a partir do acordo incerto dos interlocutores, mas a partir da conformidade rigorosa das ideias." V. Jean-François Mattéi, *Platão*, tradução de Maria Leonor Loureiro, São Paulo, Editora EDUNESP, 2010, original de 2005, p. 55.

e corruptelas na altura do presente tratado.[11] A primeira edição de *Diálogo do Amor* que se tem notícia data de 1509, realizada por Aldo Manuzio e Demetrius Ducas,[12] esta contou ainda com a participação de Erasmo de Roterdã, por isso circulou com muito prestígio em toda a Europa. Tal obra serviu de base para a tradução de Jacques Amyot em 1572, lida por diversos intelectuais franceses ilustres, como Rabelais, Montesquieu, Racine, Molière, Diderot e D'Alembert, entre outros.[13]

A presente tradução de *Diálogo do Amor* foi realizada direto do texto grego, e procuramos manter sua estrutura sintática próxima à da língua portuguesa. Para que o texto na língua portuguesa se tornasse inteligível, uma vez que nem sempre o texto grego, quando traduzido literalmente, oferece compreensão ao leitor, efetuamos algumas alterações em sua sintaxe. Nossa tradução é solidária da interpretação e do estudo, e reproduz as figuras e a dinâmica do pensamento grego em vernáculo português. A tradução de *Diálogo do Amor* apresentada neste trabalho tem como texto base o utilizado na edição da Teubner, edição, recensão e adenda de C. Hubert, Leipzig, 1971.

Por se tratar de uma tradução resultante de meu pós--doutorado, financiado pela Fapesp, destino meus sinceros agradecimentos a essa instituição, que há anos possibilita o desenvolvimento de meus projetos e a sedimentação de

---

[11] C. W. Helmbold, "Introduction", in: Plutarch, *The Dialogue on Love. Moralia. Vol. IX*. Translated by W. C. Helmbold, Cambridge/Massachusetts/London, Harvard University Press, 2006, p. 305.

[12] Robert Flacelière, "Introduction", in: Plutarque, *Dialogue sur l'Amour*. Edité par Robert Flacelière. Texte and traduction avec une introduction et des notes par Robert Flacelière. Paris, Les Belles Lettres, 1953, p. 35.

[13] Antonio Guzmán Guerra, "Introducción", in: Plutarco, *Sobre el Amor*, traducción y edición Antonio Guzmán Guerra. Madrid, Espasa Calpe, 1990, p. 20.

minha formação como pesquisadora. Agradeço ao Prof. Dr. José Antonio Alves Torrano pelo desvelo e companheirismo, por sua cuidadosa revisão deste texto, além de seus preciosos ensinamentos.

DIÁLOGO DO AMOR

DIÁLOGO DO AMOR

COLÓQUIO DE FLAVIANO, AUTOBULO, FILHO
DE PLUTARCO, E OUTROS PRESENTES.

748
1. FLAV. No Hélicon,[1] Autobulo,[2] dizes que houve discursos sobre Eros, quer os tenhas escrito, quer os tenhas guardado na memória por teres inquirido teu pai muitas vezes;

F vais relatá-los agora para nós, por que pedimos?

AUT. Foi no Hélicon, junto à morada das Musas,[3] Flaviano,[4] durante as Erotídias[5] celebradas pelos téspios, que realizavam essas festividades a cada quatro anos em honra às Musas e a Eros,[6] com muita distinção e brilhantismo.

FLAV. Sabes então o que nós todos que viemos à audição iremos pedir-te?

749 AUT. Não, mas o saberei se me disserem.

FLAV. Retira do discurso a ser feito agora os floreios e as sombras dos poetas épicos, com as ramagens da agácia e dos teixos, e tantos outros de tais lugares-comuns, porque anseiam exceder o de Platão[7] sobre o Ilisso,[8] o agnocasto e a relva germinada suavemente escarpada, e escrevem com mais zelo que beleza.[9]

AUT. Caro Flaviano, por que minha narrativa necessita de tais preâmbulos? Francamente, o motivo de nossos discursos pede um coro; pela comoção, necessita de um palco, e em nada carece dos outros elementos do drama. Somente oremos à mãe das Musas[10] para que se

B apresente propícia e me faça recordar a história.

2. Meu pai, há muito tempo, antes de nós nascermos, recém-unido à minha mãe,[11] partiu para realizar sacrifícios a Eros após a querela e a dissensão havida entre seus pais, e conduziu minha mãe à festa porque a ela cabia fazer a prece e o sacrifício. Dentre os amigos de sua pátria, estavam com ele os que lhe eram íntimos, e em Téspias[12] encontrou Dafneu, filho de Arquidamo, tomado de amor por Lisandra, filha de Símon; dos seus pretendentes, era o que tinha mais sorte com ela. Também foram Soclaro de Titórea,[13] filho de Arístion, Protógenes de Tasos[14] e Zeuxipo, o lacedemônio, que eram seus hóspedes;

C meu pai narra ainda que a maioria dos beócios ilustres estava presente.

Durante dois ou três dias na cidade, como parece, com alguma tranquilidade, filosofaram nas palestras e conversaram uns com os outros pelos teatros. Depois escaparam de uma cansativa disputa de citaredos, já iniciada com petições e perfídias. A maioria retirou-se para o Hélicon, tal como em uma guerra, e refugiou-se junto à morada das Musas. De manhã bem cedo, Antêmion e Písias, homens honrados, foram até eles porque estavam preocupados com Bácon, chamado o Belo. Ambos tinham o costume, dado o sentimento nutrido por aquele,

D de divergir um do outro. Havia em Téspias Ismenodora, uma mulher ilustre pela riqueza e família; oh, Zeus!.[15] Disciplinada durante toda a vida; tornou-se viúva e por muito tempo esteve sem censura, embora fosse nova e de aparência jovial. Bácon era filho de uma amiga íntima e coube-lhe realizar seu casamento com uma jovem de sua família; em razão disso, por estar e conversar com ele muitas vezes, ela se apaixonou pelo rapaz. Quando ela ouvia as palavras dos amigos sobre ele, falava dele e o via entre muitos nobres, era incitada ao amor e nada concebia

E de vulgar, mas casar às claras e passar sua vida com Bácon. Quando se revelou o contrário do esperado, a mãe de Bácon julgava que a família e riqueza de Ismenodora não estavam em consonância com seu amante; e alguns caçadores amigos de Bácon, por ele não estar de acordo com a idade de Ismenodora, o assustavam e zombavam dele, colocavam as maiores dificuldades, refutavam qualquer coisa séria, porque eram contrários ao casamento; porque ainda era efebo, envergonhava-se de casar com uma viúva. Mas ele não concordou com os outros, submeteu a Písias e Antêmion deliberarem sobre o assunto por que este era seu primo mais velho e Písias

F o mais austero de seus admiradores; por isso este se opunha ao casamento e atacava Antêmion por ceder a mocidade dele a Ismenodora. E Antêmion dizia que ele não agia corretamente, embora fosse valoroso em outras coisas, porque imitava os amantes vulgares ao privar seu querido de uma casa, um matrimônio e grandes riquezas, para que casto e jovial

750 se despisse por mais tempo nas palestras.

3. Para que não provocassem um ao outro e pouco a pouco fossem levados à cólera, elegeram meu pai e os que estavam com ele como mediadores e juízes da questão; entre seus amigos, como de propósito, Dafneu estava do lado de Antêmion e Protógenes do lado de Písias. Mas enquanto este abertamente falava mal de Ismenodora; Dafneu: "Por Héracles,[16]" disse-lhe, "o que não esperar se também Protógenes hostiliza Eros, para o qual toda brincadeira e seriedade são sobre Eros e por Eros,

olvido das palavras, olvido da pátria,[17]

B não como Laio,[18] que permaneceu afastado da pátria por apenas cinco dias? Pois se o Eros daquele era moroso e terrestre, o teu vem da Cilícia[19] a Atenas[20], por 'ágeis asas rodopiantes voando pelo mar²¹", para observar e admirar os belos. Sem dúvida, desde o início, isso era uma razão de viagem para Protógenes".

4. Houve riso. Protógenes disse: "Tu pensas agora que eu ataco Eros e não combato por Eros contra a intemperança e a insolência, que constrangem com paixões e as mais vergonhosas ações os nomes mais belos e sagrados?". E Dafneu

C "chamas de o mais vergonhoso", disse, "um casamento, a união de um homem e uma mulher, visto que não há conjunção mais sagrada?". "Mas essa união", disse Protógenes, "é necessária à procriação; e os legisladores não lhes são indiferentes, eles a exaltam e louvam diante da maioria; mas nem uma parte do legítimo Eros convive no gineceu, e afirmo que nem é amor vosso sentimento pelas mulheres ou virgens, assim como nem as moscas amam o leite nem as abelhas, o mel, nem criadores e cozinheiros com afeição se preocupam com novilhos e pássaros ao engordá-los nas trevas. Mas tal como a natureza nos coloca com moderado desejo e adequado apetite sobre o alimento, também o excesso produz

D uma paixão pela gula, a chamada glutonaria. Assim, há na natureza a necessidade de homens e mulheres de terem prazer uns com os outros. É um ímpeto que move, que se torna tão profundo, vigoroso e o mais duro de suportar. Não em vão o chamam Eros, pois Eros, quando se aproxima de uma alma jovem e bem-nascida, intenta pela amizade conduzi-la à virtude. Por desejo de mulheres, se tendemos para o melhor, aspiramos pelo prazeroso deleite e desfrute dos olhos e do corpo, como atestou Aristipo,²² quando difamado por não amar Laís,²³ ele respondeu que considerava que o vinho

E e o peixe não o amavam, e mesmo assim ele se servia prazerosamente de cada um. Por fim, prazer e desfrute são o resultado do desejo. Eros, quando afasta a expectativa da amizade, não quer esperar nem cuidar no tempo certo de sua inquietude e florescência, isso se seu inerente fruto do caráter não for retribuído com amizade e virtude. E conheces o que um trágico casado disse à sua esposa:

Odeias-me? Eu facilmente sou odiado
ao arrastar minha desonra ao proveito.[24]

Não há mais amor neste que naquele outro, não é pelo amor verdadeiro, mas pelos prazeres afrodisíacos e das cópulas

F com sua esposa perversa e insensível; tal como o orador Estrátocles[25] compôs ao declarar isto sobre o cômico Filípides:[26]

quando ela se vira, com pena, compraz-se com seus cabelos.[27]

Se então essa paixão precisa ser chamada de Eros, ele é efeminado e bastardo, tal como em Cinosarges,[28] porque se realiza no gineceu. Ou melhor, como dizem, há uma águia legítima
751 e montês, que Homero[29] declara 'negra'[30] e 'caçadora',[31] mas há outras raças bastardas, que arrebatam no pântano peixes e pássaros magros, e quando sem provisões, famintas e lamuriosas, grasnam bem alto muitas vezes. Assim, há um Eros que é o legítimo à juventude, mas não está 'brilhando de desejo',[32] como disse Anacreonte[33] sobre esse amor por uma virgem, nem é 'coberto de essências e reluzente',[34] mas sua aparência é simples e sem afetação, está nas escolas filosóficas ou em algum lugar nos ginásios e palestras, à caça de jovens mais amiúde, na porta dos

templos, imbuindo nobremente a virtude digna de sua consideração. E este, sensual e sedentário, merece ser refutado, pois se consome nos ventres e leitos das mulheres, sempre procurando

B as complacências e se distraindo com prazeres indignos dos homens, dignos dos sem amigos e entusiasmo. É como Sólon[35] estabeleceu: proibiu amar crianças escravas do sexo masculino e untar-se com óleo antes do banho, mas não vetou as relações sexuais com mulheres. A amizade é algo belo e de um cidadão, enquanto o prazer é algo comum e de um não-livre. Por isso não há liberdade nem cidadania quando se amam crianças escravas, pois esse amor é pela relação sexual, assim como o amor pelas mulheres."

5. Ainda havia mais ao honrado Protógenes dizer no momento em que foi interpelado por Dafneu: "Sim, por Zeus, falaste bem, lembraste Sólon, o seu próprio conhecimento de um homem enamorado que deve ser usado,

C enquanto na amável flor da juventude, ama os jovens, deseja suas coxas e o doce de sua boca.[36]

E acrescenta a Sólon o dito por Ésquilo:[37]

a reverência de tuas coxas não respeitaste,
ó ingrato dos meus frequentes beijos,[38]

Outros caçoam deles, como se fossem sacrificantes e adivinhos, pois incitam os amantes a observarem coxas e quadril. Eu considero com convicção que isso sinaliza em prol das mulheres, pois, se a comunhão contra a natureza dos varões não prejudica o pensamento amoroso e nem o afeta, como é natural, o amor é muito

D maior pelas mulheres que pelos homens, por natureza, visto que usa a amizade para alcançar a graça. 'Graça', Protógenes, é a concessão feminina dada ao varão, assim chamada pelos antigos. Como Píndaro[39] disse que Hefesto:[40]

'sem graça'⁴¹ nasceste de Hera⁴². Dirigindo-se a uma que não tinha ainda idade para casar, Safo⁴³ diz-lhe que:

Parecias-me uma pequena criança, sem graça.⁴⁴

Héracles, ao ser indagado por alguém:

Pela força realizaste a graça ou convenceste a jovem?⁴⁵

E a realizada com violência e assalto pelos varões, quando contra a vontade delas, é acompanhada pela fraqueza e feminilidade, pois 'vão', conforme Platão, 'entregando-se à maneira
E de um quadrúpede',⁴⁶ para engendrar um filho, contra a natureza, e a graça é em tudo sem graça, sem decoro nem encanto. Por isso penso que Sólon escreveu aquelas coisas, porque ainda era jovem e 'pleno de esperma',⁴⁷ como diz Platão; porém quando ancião:

os trabalhos oriundos da Cípria⁴⁸ agora me são caros, e os
de Dioniso⁴⁹ e das Musas, que fazem as alegrias dos homens,⁵⁰

tal como se após a vida tempestuosa e impetuosa dos amores pelos jovens assenta-se em uma calmaria junto ao casamento e à filosofia. Se observarmos a verdade, Protógenes,

F o sentimento de Eros é um e o mesmo para meninos e mulheres; se quiser, enquanto contendemos, distingui-los, pode-se considerar que esse pelo jovem não é moderado, mas como que nascido tardiamente, e alheio ao tempo certo de sua vida, bastardo e obscuro, empurra para fora o Eros legítimo e ancião. Ontem, companheiro, e anteontem, no meio dos jovens desnudos e dos que se despiam, insinuava-se nos ginásios, massageava-os calmamente e enganchava-os pelo braço; em seguida, por pouco tempo esteve nas palestras, pois, por ser alado, não havia como detê-lo por lá.

752 Mas esse ofende e insulta o matrimonial Eros, atuante pela imortalidade à mortal raça, que pelos nascimentos impede que nossa espécie seja novamente extinta. E esse amor rejeita o prazer? Porque tem vergonha e é temente, porque necessita de algo decente para ser inflamado pela aparência elegante dos belos e imberbes; o seu pretexto é a amizade e a virtude. Esfrega-se com pó para luta, toma banho na água fria, levanta as sobrancelhas; por causa da lei, mas fora de casa, diz filosofar e ser prudente. Logo à noite, sob a calma,

doce é o fruto na deserção do guardião.[51]

Se, como diz Protógenes, não há encantos sexuais na relação dos jovens, como existe um Eros sem a presença de **B** Afrodite,[52] ele que foi escolhido pelos deuses para servi-la e prestar-lhe serviços, para que compartilhasse a honra e o poder que ela lhe concede? Se há um Eros sem Afrodite, tal como a embriaguez sem vinho, por suco de figo e preparado de cevada, é uma perturbação imperfeita e infrutífera, também tensa e tediosa".

6. Após Písias ter falado, ficou evidente que ele estava indignado e irritado com Dafneu. Em pouco tempo abandonou isso e disse: "Ó Héracles, por libertinagem e ousadia, concordam certos homens que, como os cães, atam-se ao feminino, afastando e banindo

C o deus dos ginásios, das caminhadas filosóficas em lugar aberto e ensolarado, em conversa franca, para ser acuado em ambientes nocivos, por ferrões de escorpiões, poções e bruxarias de mulheres licenciosas, visto que as sensatas não se importam em amar nem em ser amadas".

Todavia, naquele momento, meu pai conta que, para contestar o dito por Protógenes, ele disse:

essa fala arma por inteiro o povo argivo[53]

e, por Zeus, Písias coloca-nos como defensores de Dafneu, mas isso não é certo porque traz à união do casamento a falta de amor e a amizade sem inspiração divina; se abandona a graça e a persuasão amorosa para ser

D somente jugos e rédeas, sob vergonha e medo". E Písias disse-me: "Pouco me importa o teu discurso! Vejo Dafneu sofrendo o mesmo que o cobre, pois o cobre, não tanto por passar pelo fogo, mas porque escorre fluido, como algo vertente, ele se funde e escorre liquefeito. E não o perturba a beleza de Lisandra, mas, porque está próximo dela, já arde e se abrasa há muito tempo por ela, está inteiro inflamado. É evidente que, se não escapar rápido para o nosso lado, se fundirá a ele. "Mas vejo" disse, "que está ocorrendo o que mais poderia interessar a Antêmion; eu mesmo discordo

E dos juízes, de modo que me contenho". E Antêmion disse-lhe: "Por ser útil, devia-se falar sobre nosso assunto inicial."

7. "Digo neste momento", falou Písias, "após noticiar, feito um arauto, que eu seria para todas as mulheres um homem sem amor, que a riqueza da mulher deve ser evitada pelo jovem e que não se deixe envolver por ela com estima e tamanha profundidade. Esqueçamos isso; tal como o estanho mistura-se ao cobre, que desapareçam. Grandioso seria ao adolescente unir-se sexualmente a uma mulher sóbria e simples como vinho e água; em vista disso, a mistura é justa se há a prevalência do vinho. Vemos que a outra pensa em comandar e dominar, pois não recusaria

F os de boa reputação, de famílias ilustres e os ricos, e aspiraria casar-se com um adolescente de clâmide, que ainda necessita ser instruído por um pedagogo. Por isso, os que têm inteligência por si mesmos ignoram e interceptam, como se tivessem asas rápidas, as prodigiosas riquezas dessas mulheres que as fazem indolentes e presunçosas sem fundamento; vazias, colocam-se sobre elas muitas vezes para depois

753 saírem voando. Se permanecessem presos em áureas correntes,[54] tal como na Etiópia,[55] seria melhor que a riqueza de uma mulher".

8. "E aquilo que não dizes", afirmou Protógenes, "que corremos o risco de nos voltarmos de modo absurdo e ridículo contra Hesíodo,[56] quando ele afirma:

Que não ultrapasses muito mais dos trinta anos
nem adies muito mais; essa é a hora do teu casamento!
A mulher púbere há quatro anos deve casar-se no quinto.[57]

Mais ou menos como se nós atássemos uma mulher mais velha em anos, assim como os que contribuem para maturação quer dos figos (...),[58] a um homem imaturo e adolescente. 'Por Zeus, está tomada de amor e acesa por ele!' Quem a

B está impedindo de acompanhá-lo à porta, cantar-lhe uma chorosa serenata, afeiçoar-se às pequenas imagens e exercitar o pancrácio contra seus rivais? Porque essas são as coisas do amor! Que desça suas sobrancelhas, cesse sua luxúria e tome o aspecto dos habituados à paixão. Se é recatada e sensata, que permaneça decentemente em casa esperando seus pretendentes e cortejadores. Uma mulher que declara seu amor deveria ser evitada e repugnada por qualquer um, menos ainda ser tomada em casamento, por considerar antes tal intemperança".

9. Logo que Protógenes parou, meu pai disse: "Vês, Antêmion, novamente tecem um lugar-comum, e somos obrigados a fazer um discurso

C de que não rejeitamos nem evitamos ser coreutas do casamento?"
"Sim, por Zeus", disse Antêmion, "então, defende muito mais agora para eles esse amor; se socorre ao argumento da riqueza, com o qual Písias nos apavora."
E meu pai disse: "Qual acusação não se lançaria a uma mulher, se por seu amor e sua riqueza condenarmos Ismenodora? 'Ela é poderosa e rica!' Se é bela e jovem, qual problema? Por que provém de família imponente e ilustre? E não são as prudentes que têm fama de austeras, implacáveis, (...)[59] e indelicadas, elas são chamadas de penas[60] porque estão sempre iradas com o marido,
753D por que são prudentes? Então, é melhor casar com Abrótono,[61] uma trácia, ou Báquis,[62] uma milésia, que sem garantia leva-a da ágora à sua casa, por conta do dinheiro e das nozes que lhe atiraram? Mas também sabemos que não foram poucos os vergonhosamente escravizados por essas. E as flautistas sâmias, dançarinas, Aristonice,[63] Enante[64] com seu tímpano, e Agatocleia,[65] caminharam com diademas de reis. E a síria Semíramis,[66] uma escrava nascida na casa, criada e concubina de um funcionário real; isso foi quando Nino, o grandioso rei, encontrou-se com ela e a desejou. Assim, ela o dominou e o desprezou, de modo a julgar-se digna de sentar em seu trono por um dia, quando foi vista portando seu diadema
E e concedendo audiência; ocasião em que ele ordenou a todos obedecer-lhe e servi-la como a ele próprio. Por moderação, ela proferiu as primeiras ordens, pondo à prova os lanceiros. Quando viu que ninguém a contestou nem hesitou, ordenou aprisionar Nino, depois acorrentá-lo e, por fim, matá-lo. Após tudo ter-se realizado, ela reinou com distinção por muito tempo sobre a Ásia. Belestique,[67]

por Zeus, não era uma esposa bárbara vinda da ágora, para quem os alexandrinos dedicavam santuários e templos, onde inscreveram, por amor ao rei, 'Afrodite Belestique'? Há um templo comum a ela e a

F Eros nesse lugar, onde são honrados em um culto público, e em Delfos[68] erguia-se coberta de ouro entre reis e rainhas; com qual tipo de presente dominou seus amantes? Mas tal como há aqueles que por fraqueza própria e pusilanimidade esquecem seu mau estado e se tornam dóceis às suas mulheres; assim, por sua vez, há outros, pobres e sem reputação, que se unem a mulheres ricas
754A e ilustres e não são corrompidos nem submetidos em seu espírito, mas honrados, e exercem o poder conforme seu pensamento. E quem humilha sua mulher e a reduz ao desprezível, tal como um fraco pressiona o anel por temer que ele deslize do dedo, é semelhante aos que cortam as rédeas das éguas e em seguida as conduzem para um rio ou lago. Conta-se que elas, após contemplarem cada uma a sua imagem, pela visão feérica e disforme, emitem relinchos e permitem ser montadas feito burros. Escolher a riqueza de uma mulher em vez de sua virtude ou família é algo vil e servil, mas se ela tem a seu favor virtude, família e riqueza,
B é estupidez evitá-la. Antígono,[69] preocupado com a fortificação de Muníquia,[70] ordenou, por carta, que não somente forjassem uma coleira resistente, mas também que deviam enfraquecer o cão, para que eliminassem os êxitos dos atenienses. Não convém ao homem a mulher rica ou bela tornar feia e pobre; mas apresentar-se com autoridade e prudência, em nada atordoado pelos afazeres, um igual e livre como ela; tal o peso na balança, acresça volume ao seu caráter; daí a domina e a conduz com justiça, o que ao mesmo tempo lhe é vantajoso. Certamente, a idade propícia de casar está na concordância da hora em que ela pode procriar e

C ele engendrar. E percebo que essa mulher está na maturidade". Enquanto Písias sorria, meu pai disse: "Ela não é mais velha que seus rivais nem tem cabelos grisalhos como alguns dos apegados a Bácon. Se eles estão no momento favorável para se unirem, o que a impede de dedicar-se ao rapaz melhor que qualquer outra jovem? Esses jovens não se unem com facilidade e se adaptam mal um ao outro; penosamente, no decorrer de muito tempo, desprendem-se da arrogância e da insolência, pois no início são impetuosos e combatem o seu companheiro, sobretudo se o Eros nasceu, assim como o vendaval, quando o capitão não está presente, revolve e acossa o casamento,

D porque não são capazes de comandar nem de obedecer ao deliberado. Se a ama tem o comando sobre o bebê, o professor, sobre o menino, o ginasiarca, sobre o efebo, o amante, sobre seu rapaz, a lei e o estratego, sobre os adultos, é porque ninguém é independente nem absoluto. Qual é o dano se a mulher mais velha tem inteligência e dirige a vida do jovem homem, visto que é mais proveitoso se ela pensa por ele, e prazeroso e deleitoso se o ama? Em síntese, como beócios, precisamos venerar Héracles e não ficar irritados com ele por causa da idade dela para o casamento, porque sabemos que ele uniu sua própria mulher Mégara[71] a Iolau,[72]

E então com dezesseis anos, e ela com trinta e três anos.

10. Após tais discursos dos presentes, meu pai disse-lhes que um companheiro de Písias veio da cidade correndo a cavalo e, ousado, anunciou um fato surpreendente. Ismenodora, como parece, confiou que Bácon não era avesso ao casamento, mas que estava envergonhado pelos que tentavam dissuadi-lo; decidiu que não renunciaria ao rapaz. Ela convocou seus amigos mais exuberantes em físico, também mandou vir as mulheres que lhe eram íntimas, e os organizou para que se aguardasse a hora em que Bácon, como estava habituado,

F saísse da palestra e passasse adornado pela casa dela. Quando ele, untado com óleo, aproximava-se com dois ou três de seus companheiros, a própria Ismenodora à porta foi ao seu encontro e apenas tocou sua clâmide, e seus amigos com elegância capturaram seu belo na clâmide e no manto duplo, levaram-no para sua casa e em seguida fecharam as portas.

755 Lá dentro, as mulheres arrancaram sua clâmide e o envolveram em um manto nupcial. Os escravos domésticos, correndo ao redor, coroavam com ramos de oliveira e loureiro não somente as portas de Ismenodora mas também as de Bácon; e a flautista atravessava a viela tocando sua flauta. E havia, entre os téspios e os estrangeiros, uns riam, outros que se indignavam e requisitavam os ginasiarcas, pois esses comandam com rigor os efebos e prestam muita atenção nas ações realizadas por eles. Nenhuma palavra havia dos contendores, mas porque tinham partido do teatro para a

B porta de Ismenodora e estavam entre discursos e disputas uns com os outros.

11. Quando o amigo de Písias, tal como em uma guerra, avançou com seu cavalo, agitado, disse que Ismenodora havia raptado Bácon, Zeuxipo sorriu e, como amigo de Eurípides,[73] disse:

Mesmo envaidecida pela riqueza, como mortal, pensas, mulher![74]

Písias deu um pulo e gritou: "Ó deuses, que limite haverá para a liberdade que confunde nossa cidade?" Pois ela já está na ilegalidade, as coisas por si caminham. Todavia talvez seja ridículo indignar-se com leis e sentenças,
C pois a natureza é transgredida quando a mulher está no poder. Por que assim é a mulher de Lemnos?[75] "Vamos,

nós, vamos", dizia, "que concedamos o ginásio e o tribunal às mulheres, se por inteiro a cidade está enfraquecida." Então Písias afastou-se, e Protógenes não o abandonou, foi gentil com ele porque estava aborrecido com os fatos. E Antêmion: "Pela ousadia", disse, "foi um ato corajoso, de um verdadeiro lêmnio; cá entre nós, a mulher o ama profundamente". Também Soclaro, sorrindo, disse: "acredita que houve rapto e violação, e não uma defesa e um subterfúgio concebidos na mente do rapaz

D para evitar os braços de seus amantes e desertar para as mãos de uma mulher bela e rica?" "Não digas isso, Soclaro", replicou Antêmion, "nem suspeites de Bácon. Ainda que sua conduta por natureza não fosse simples e sóbria, não esconderia isso de mim, pois compartilhava comigo todos os seus outros assuntos, e nisso via que eu era o mais ardoroso defensor de Ismenodora. Contra Eros 'é difícil combater' não 'com ânimo',[76] conforme Heraclito.[77] 'Sempre que desejas algo, compra-o com tua vida',[78] tuas riquezas e fama. Depois, qual atitude é mais decente que a de Ismenodora nesta cidade? Acaso veio um discurso vergonhoso ou a suspeita

E de uma ação vulgar que atingisse sua casa? Mas parece realmente que uma intervenção divina arrebatou a mente dessa mulher e foi mais forte que a lógica humana."

12. E Pêmptides, sorrindo, disse: "Não se importe, há uma doença corpórea denominada sagrada; portanto, não seria nenhum absurdo se alguns admitissem que a mais delirante e intensa paixão anímica é também algo sagrado e divino. Então, tal como no Egito,[79] quando vi dois vizinhos discutindo porque havia uma serpente em sinuoso curso no seu caminho, ambos, cada um deles nomeava-se seu protetor e julgava-se digno de tê-la para si; assim, vendo-vos neste instante arrastando Eros uns para

F o recinto dos homens e outros para o gineceu, por sua natureza divina e nobre, não é de se admirar que essa paixão tenha tão grandes poder e honra, se, por quem é conveniente bani-la de todos os lugares e reprimi-la, ela também é exaltada e prestigiada. Então permaneci calmo, pois via o debate ser mais sobre assuntos particulares que coletivos.

756 Agora que Písias se afastou, com prazer vos escutaria provar por que viam Eros como um deus, os primeiros que isso afirmaram."

13. Logo que Pêmptides encerrou sua fala e meu pai iniciou a dele sobre o assunto, alguém veio da cidade porque Ismenodora lhe havia ordenado buscar Antêmion. E a confusão se estendia; também havia a discórdia entre ginasiarcas, de um que acreditava ser necessária a devolução de Bácon e de outro que não consentia tal intromissão na vida alheia. Então Antêmion levantou-se e partiu. E meu pai, dirigindo-se a Pêmptides, chamou-o pelo nome e lhe disse: "Parece-me que te inflamas por um assunto elevado **B** e temerário, Pêmptides, mais porque subvertes assuntos imutáveis, pela estima que temos aos deuses, quando pedes argumento e prova para cada coisa. Há a confiança de nossos pais e dos antigos, da qual não há o que dizer nem por que descobrir testemunho mais esplêndido,

Nem se o saber fosse descoberto por espírito elevado![80]

Mas ela é um apoio e uma base comum para sustentar a piedade, se por um for estremecida, se a segurança dela for abalada e considerada, ela se torna em tudo instável e suspeita. Estás ouvindo sem dúvida Melanipo,[81] aquele contestado prólogo composto por Eurípides,

Zeus, quem quer que seja Zeus, não o conheço, senão por discurso,[82]

C após trocar um coro por outro (como parece, estava confiante com seu drama porque o havia escrito com pompa e distinção), mudou o verso para como agora está escrito:

Zeus, como dito pela verdade.[83]

Portanto, o que difere pôr em dúvida pela razão a crença em Zeus, ou de Atena,[84] ou de Eros e o desconhecido? Pois agora Eros não demanda antes altar e sacrifício, nem vinda do exterior, de alguma superstição bárbara, tal como alguns chamam as dos Átis[85] e dos Adônis,[86] que se insinua entre andróginos e mulheres, gozando em segredo honras que não lhe pertencem, de modo a ser acusado de inscrição fraudulenta e de ilegitimidade

D entre os deuses. Mas quando ouves o dito por Empédocles,[87] companheiro,

e a Afeição[88] entre eles é equivalente em largura e comprimento; tu, examina-a com a mente, não fiques com o olhar parado por estares atônito,[89]

o mesmo pensas que precisa ser dito também sobre Eros. Pois ele não é visível, mas esse deus é honrado por nós, entre os mais antigos; dos quais, se exigires uma prova sobre cada coisa, investigando cada santuário e aplicando tua experiência sofística em cada altar, admitirias que nenhum é irrepreensível e nem fundamentado. Não vou longe,

com relação à Afrodite, não vês o quão é deusa?[90] —
Ela é semeadora e concessora de amor;
por ele, todos somos seus descendentes na terra.[91]

E 'Doadora de vida',[92] Empédocles e 'Fértil',[93] Sófocles,[94] assim a nomeiam, com muita propriedade e conveniência. Mas igualmente é de Eros essa magnífica e espantosa obra de Afrodite, porque ele está subordinado a Afrodite, dando-lhe assistência; se não a assiste com cuidado, seu feito seria abandonado ao descaso, 'sem honra nem amizade'[95]. É uma união sem amor, tal como a fome e a sede, que têm sua satisfação, mas não atingem o Belo. Mas a deusa, com o auxílio de Eros, refuta o fastio do prazer e realiza a afeição e a aliança. Por isso Parmênides[96] declara que Eros é o mais antigo feito de Afrodite; na Cosmogonia, escreve:

F Concebeu Eros primeiro que todos os deuses.[97]

Parece-me que Hesíodo é o mais natural ao compor que Eros nasceu primeiro que todos, para que todos por meio dele participassem da geração. Portanto, se retirássemos as honras habituais de Eros, em nada as de Afrodite permaneceriam
757 imutáveis. Não há nada a dizer sobre por que alguns insultam Eros e voltam suas preces àquela, mas de uma cena ouvimos:

Eros é ocioso, e nasceu para tais;[98]

e outra vez:

Meninos, a Cípria não é somente Cípria,
mas há epônimo de muitos nomes para ela.
Há Hades,[99] há vida imortal e há uma loucura delirante;[100]

tal como quase nenhum dos outros deuses escapou ao insulto da injuriante ignorância. Observa Ares[101] que, tal como no brônzeo mapa, está no ângulo oposto a Eros, quantas honras suntuosas Ares obteve dos homens, e ainda o quanto se ouve falar mal dele,

B cego, ó mulheres, sem ver Ares
com cara de porco revolve todos os males[102]

e, como o próprio Homero o chama, 'sujo de sangue'[103] e 'volúvel'.[104] E Crisipo,[105] ao interpretar o nome do deus, faz-lhe uma acusação e uma calúnia, pois afirma que Ares é relativo a 'destruir',[106] inclinando-se para os que consideram Ares a combatividade, a contestação e o ímpeto que há em nós. Outros, por sua vez, afirmam que o desejo é de Afrodite, a fala, de Hermes,[107] as artes, das Musas e a inteligência, de Atena. Vês, sem dúvida, que sustentaríamos com profundidade nosso ateísmo, se por nossas

C paixões, potencialidades e virtudes delineássemos cada um dos deuses".
14. "Vejo", disse Pêmptides, "não é lícito tornar os deuses paixões nem ao invés considerar as paixões deuses." E meu pai: "O que é então", disse, "Ares; consideras um deus ou uma paixão nossa?". Logo após Pêmptides responder-lhe que supunha Ares como um deus comandante de nosso ímpeto e de nossa virilidade, levantando a voz, meu pai disse: "Então a beligerância, Pêmptides, a combatividade e a rivalidade têm um deus, e a afetividade, a generosidade e a sociabilidade não têm um deus? Ora, para os homens que matam e são mortos, armas e dardos,
D combates nas muralhas e a pilhagem, há um deus, Eniálio[108] e Estrácio,[109] e do desejo de casamento e de concórdia para a valiosa união do casamento e da afeição, não há um deus assistente, nem guardião, nem comandante, ou cúmplice nosso? Mas caçam antílopes, lebres e cervos por Agrotera,[110] uma deusa que os estimula com seus gritos e os incita ao combate, e oram a Aristeu[111] os que se apoderam com fossos e redes dos lobos e ursos,

Quem primeiro construiu armadilhas para as feras.[112]

E Héracles invoca outro deus quando quer atirar o arco em um pássaro, como Ésquilo diz,

Conduza Apolo Agreu[113] reta esta flecha![114]

E E ao homem que põe as mãos na mais bela presa, por escolher a amizade, nem um deus nem um nume intervém e participa de sua empresa? Eu, pelo menos, não considero nem o carvalho, nem a oliveira sagrada, ou a que Homero em celebração declarou 'cultivada',[115] acredito que não seja um ramo mais belo e superior que o da planta humana, amigo Dafneu, por ter um instinto de germinação que nos revela juventude e beleza, simultâneas no corpo e na alma".

15. E Dafneu disse: "Quem crê que seja de outro modo, pelos deuses?". E meu pai lhe disse: "Esses, por Zeus, todos esses que consideram o cuidado da lavra, da semeadura e do plantio concernente aos deuses. Ou para eles algumas não são certas as Ninfas Dríades,[116]

que da mesma árvore o termo da vida obtêm;[117]
F e Dioniso jubiloso aumenta o alimento das árvores, esplendor puro no fim do verão,[118]

segundo Píndaro? Na hora certa da vida, no vigor e na desenvoltura dos jovens e dos meninos, após serem moldados e treinados, seus cuidados não são relacionados a qualquer deus ou divindade, e ninguém se preocupa se o crescimento humano vai certeiro
758 em direção à virtude, mesmo que não se desvie nem se rompa a nobreza da alma pela ausência de um protetor ou pela maldade dos que surgem por acaso!

Ou ainda dizer isso é terrível e ingrato, visto que se beneficia do deus filantropo, distribuído por toda parte e que jamais o abandona nas agruras, das quais algumas têm como fim mais a necessidade que a beleza? Tal como, logo no nosso nascimento, quando não temos uma aparência bela por causa do sangue e das dores do parto, e apesar disso temos um guardião divino, Ilítia[119] e Loquia,[120] talvez fosse melhor não nascer que mal nascer por não conseguir encontrar um bom protetor e guardião. E nem de um homem doente o deus

B útil e potente[121] nesse caso se afasta, mas nem, quando morto, pois há um condutor[122] a partir desse momento, auxiliando os que tiveram o fim de sua existência, é servo e condutor de almas, tal como este:

Não me gerou a noite senhor da lira,
nem adivinho nem médico, mas um condutor
de almas.[123]

Esses mesmos afazeres também têm muitas contrariedades. Disso pode-se afirmar Eros que não há obra mais sagrada, nem outra competição nem disputa convir ao deus vigiar e arbitrar que controlar a inquietação e a perseguição dos que amam os belos e os jovens. Pois nada há nisso de vergonhoso nem forçoso, mas há persuasão e graça que concede uma 'pena prazerosa',[124] na verdade,
C 'também um esforço fácil'[125], que conduz à virtude e à amizade, visto que as tomam para o conveniente fim, e não 'sem um deus',[126] mas não têm outro comandante e soberano deus que Eros, companheiro das Musas, das Cárites[127] e de Afrodite.

No doce verão do homem, semeando o desejo no coração,[128]

segundo Melanípides,[129] mescla as mais prazerosas com as mais belas. Ou disse: 'Como falamos, Zeuxipo?'".

16. E ele lhe disse: "Por Zeus, sim, por completo! Seria absurdo se negligenciasse o contrário."

E meu pai lhe disse: "Isso não seria absurdo se há quatro origens para a amizade, tal como os antigos delimitaram; primeiro a natural, seguida da

D hospitaleira, terceira a social e por fim a amorosa; cada uma delas tem seu protetor divino, ou amigável, ou hospitaleiro, ou consanguíneo, ou paterno. Somente a de origem amorosa, tal como um incontrolável e incorrigível ímpio afasta seu protetor, logo essa que necessita de enorme cuidado e um timoneiro?". E Zeuxipo disse: "Há aí não pouca desrazão." E meu pai lhe disse: "Certamente os assuntos de Platão seriam apropriados ao diálogo, mas isso seria uma digressão. A loucura que levanta do corpo para a alma por algumas intempéries, ou misturas de um sopro nocivo, que se move ao redor, é irascível, insuportável

E e doentia. E outra que não existe sem inspiração divina nem é de origem familiar, mas é uma inspiração externa, um desvio do raciocínio e da prudência porque tem origem em uma poderosa força, que é movimento, que é a paixão comumente chamada de entusiástica. Porque respira o sopro pleno de sensibilidade e de prudência, tal abalo da alma é nomeado entusiasmo pela comunhão e união do mais divino poder. A adivinhação entusiástica provém de Apolo,[130] de sua inspiração e possessão, e a báquica de Dioniso,

conforme os Coribantes,[131] dançai,[132]

diz Sófocles: os assuntos de Deméter[133] e Pã[134]

F são comuns às orgias báquicas. 'A terceira origem, vinda das Musas, toma uma alma delicada e imaculada',[135] provoca e estimula o entusiasmo poético e musical. Há essa também chamada loucura de Ares, que preside a guerra, e em tudo está claro qual deus concede e anima o delírio místico,

ao armar Ares sem dança nem cítara, lacrimoso,
e um grito nativo.[136]

759A E parte dessa confusão e ilusão que subsiste no homem não é implícita nem tranquila, Dafneu, e é sobre ela que quero perguntar neste momento a Pêmptides (...)[137]

Qual deus sacode o tirso[138] de belo fruto,[139]

essa empolgação amorosa por meninos nobres e mulheres prudentes, que é muito mais lancinante e ardente? Ou não vês que o soldado, ao depor suas armas, encerra a loucura da guerra,

então logo
jubilosos guardiões retiraram-lhe as armas dos ombros,[140]

e senta ao lado de suas armas, como um pacífico espectador? E que no momento das danças a Dioniso e saltos dos Coribantes,
B trocam o ritmo de troqueu[141] para o da melodia frígia[142] e se abrandam e se aplacam, como a Pítia,[143] quando ela se afasta da trípode[144] e do sopro divino, mantem-se calma e tranquila? Se realmente a loucura amorosa ataca o homem e o incendeia, não há música, nem 'canto mágico sedutor'[145] nem mudança de lugar que lhe assente; mas se estão presentes é pelos que amam e se ausentes é pelos que desejam sexualmente; também os perseguem durante o dia, esperam-nos junto à porta de noite; quando estão sóbrios, chamam-nos de seus belos e, se bebem, celebram-nos. Não é como alguém afirmou que as fantasias poéticas,
C por sua energia, são os sonhos dos despertos, mas sim as dos amantes, porque dialogam como se estivessem diante de seus belos, a abraçá-los e reclamá-los. A visão parece desenhar as outras fantasias na água, porque rapidamente elas desaparecem e abandonam seu pensamento.

Por ela, as imagens dos amantes, tal como a pintura com encáustica, em que as imagens gravadas com fogo, legam movimento, vida e voz às recordações e permanecem por mais tempo. O romano Catão[146] costumava afirmar que a alma do amante mora na do amado; (...) [147] e também sua imagem, seu caráter, sua vida e suas ações. Em virtude disso, se conduzido

D com presteza, abrange um longo caminho, tal como os Cínicos[148] afirmam: 'contínua e curta, descobre uma passagem para a virtude';[149] também para a amizade (...)[150] como se fosse carregado pela onda da paixão junto com um deus. Digo, em suma, que o entusiasmo dos amantes não existe sem um deus e que não há outro deus mais primordial, fiável e condutor que esse, a quem agora festejamos e ofertamos sacrifícios.

"Igualmente, visto que mais pelo poder e pela utilidade do deus (...)[151] e pelo qual, dos bens humanos, há estes dois: a realeza e a virtude, que consideramos e denominamos as mais divinas, é hora
E de observar antes se Eros é inferior em poder a algum deus. Entretanto:

grande é a força da vitória que Cípris obtém,[152]

como Sófocles também afirma: grande é a força de Ares. Vejamos como de algum modo o poder do restante dos deuses é partilhado entre eles: a adequação ao belo e a resistência ao feio desde o princípio gerado nas almas, como alhures, também Platão (...)[153] as formas distinguiu. Observemos objetivamente por que a obra de Afrodite é um amor que vale uma dracma, e que ninguém resistiria à pena e ao risco das relações sexuais se não fosse por amor. Evitemos aqui nomear Frine,[154] companheiro, uma Laís[155] ou Gnatênion:[156]

F durante o poente, ela acendia a chama da lamparina,[157]

esperando e chamando para si, muitas vezes, passa perto; "e o vento vindo súbito",[158] com muito amor e desejo, e a isso atribuem o mesmo valor dado aos chamados talentos de Tântalo[159] e o império de Giges.[160] Assim, sem força e fugaz é a graça de Afrodite se não for inspirada por Eros. Ainda mais se disso compreendesse que muitos compartilharam prazeres sexuais com outros, prostituindo não somente suas cortesãs mas também suas esposas; tal como também aquele romano,

760 ó companheiro, Gaba,[161] que recebeu Mecenas[162] em sua casa; como parece, logo que o viu disputar a atenção de sua esposa, inclinou tranquilamente a cabeça, como se estivesse dormindo. Nisso, um escravo doméstico, vindo de fora, quando deslizava pela mesa para subtrair o vinho, ele o olhou fixamente e disse: "Infeliz, não sabes que estou dormindo somente para Mecenas?". Isso talvez não seja tão impressionante, pois Gaba era espirituoso. Em Argos,[163] Nicóstrato[164] exercia oposição política a Faulo;[165] quando o rei Filipe[166] veio visitar a cidade, era provável que Faulo, pela distinção de sua mulher, se lhe permitisse um intercurso sexual com Filipe, obteria para si algum

B poder e primazia. Informados disso, os partidários de Nicóstrato cercaram as portas de sua casa, enquanto Faulo calçava sua esposa com botas masculinas e lhe colocava a clâmide e o chapéu macedônio, para ser enviada, disfarçada, como se fosse um dos servos reais. Portanto, dos tantos amantes do passado e do presente, sabes se houve a prostituição de um amante pelas honras de Zeus? Eu penso que não. É por isso que, mesmo quando ninguém se contrapõe aos tiranos nem lhes é adversário político, muitos são seus rivais, porque são invejados em razão de seus belos e viçosos? Escutastes também que Aristogíton

C de Atenas,¹⁶⁷ Antileonte de Metaponto¹⁶⁸ e Melanipo de Agrigento¹⁶⁹ não se opunham aos tiranos, embora vissem que eles prejudicavam e tratavam com inconveniência todos os assuntos. Quando eles tentaram seduzir seus amantes, não pouparam a si mesmos em defesa deles, como se fossem santuários invioláveis e intocáveis. Diz-se ainda que Alexandre¹⁷⁰ enviou esta carta a Teodoro,¹⁷¹ irmão de Próteas¹⁷²: "Envia-me uma cantora e toma dez talentos, caso não a ames". Quando outro de seus companheiros, Antipátrides, aportou alegremente com uma harpista, Alexandre ficou encantado por ela e perguntou a Antipátrides¹⁷³: "por

D acaso tu não a amas?". Ele lhe respondeu: "Sim, com certeza", disse: "Que pereças terrivelmente aqui, inepto". E, se afastou, sem tocar na mulher.¹⁷⁴

17. E ele lhe disse: "Observa de novo, quanto às obras de Ares, Eros excede, porque não é inativo, como Eurípides dizia, nem inexperiente na guerra nem "dorme nas macias bochechas das adolescentes".¹⁷⁵ Pois um homem pleno de Eros em nada carece de Ares ao lutar contra os inimigos mas, acompanhado de seu próprio deus,

> fogo, mar e ventos do éter
> está disposto a atravessar¹⁷⁶

pelo amigo, aonde o chamar. Os Nióbidas¹⁷⁷ de Sófocles, depois de atingidos, mesmo morrendo, nenhum deles
E invocou outro auxiliar nem aliado que não o seu amante:

> ó... envolve-me pelos flancos.¹⁷⁸

"Sabeis então por qual razão Cleômaco de Farsália morreu lutando." "Ao menos, nós, não", disseram os acompanhantes de Pemptides, "mas, com prazer, poderíamos ser informados". "Isso tem valia", disse meu pai; "ele chegou, um aliado da guerra da Tessália[179] contra os erétrios estava no ápice. E parecia que a infantaria dos calcídios estava em plena força e seus cavaleiros estavam em grande ação para repelir os inimigos. Então, em antecipação, os aliados convocaram Cleômaco,[180] um homem de alma brilhante, para que se precipitasse contra os cavaleiros.

F E ele perguntou ao seu amante, ali presente, se gostaria de assistir ao combate; logo que o rapaz lhe disse que sim, ele o abraçou com carinho e lhe colocou o elmo. Cleômaco, orgulhoso, após reunir os melhores tessálios em torno dele, com brilhantismo, avançou contra os inimigos de modo que os desalinhou e provocou o recuo de sua cavalaria; depois disso, os seus hoplitas fugiram

761 e os calcídios os venceram com todo vigor. Todavia isso coincidiu com a morte de Cleômaco. Na ágora calcídia, exibem o seu túmulo, que, desde então e até agora, encerra uma grande coluna. A pederastia, antes posta em censura, neste momento é mais estimada e honrada que outras práticas. E Aristóteles[181] narra de outra maneira a morte de Cleômaco, que aconteceu após terem vencido os erétrios em combate, quando ele foi beijado por seu amante, um calcídio da Trácia,[182] enviado como defensor aos calcídios que estavam na Eubeia;[183] por isso canta-se entre os calcídios:

ó filhos, que receberam graça e nobreza paterna,
B não recuseis aos bons a convivência da juventude!
Pois, com valentia, também o debilitante Eros
aflora na cidade dos calcídios.[184]

Anton era o nome do amante e Filisto, o do amado, como registrou o poeta Dionísio[185] em Das Origens. Junto a vós, tebanos, Pemptides, não é o amante quem presenteia o amado com uma panóplia para ser registrado no rol dos homens adultos? Pâmenes[186] mudou e renovou a ordem dos hoplitas, um homem amoroso, que reprovou Homero por não ter sido amável porque alinhou as tropas dos aqueus "pelas tribos e fratrias"[187] e não pôs o amante ao lado do amado, para que assim fosse:

escudo um escudo suportasse e elmo um elmo;[188]

é o único invencível por todas suas estratégias.

C De fato, os amantes abandonam os membros da tribo e seus familiares, por Zeus, também seus ancestrais e filhos; e nenhum inimigo nunca atravessou nem cavalgou entre um amante inspirado e o seu amado. Mesmo sem necessidade, eles avançam para exibir gosto pelo perigo e desinteresse pela vida. Como o tessálio Téron,[189] que, após ter lançado a mão esquerda em uma parede e sacado a faca, cortou seu polegar, para provocar o rival. E um outro, quando tombou a face no chão em combate e o inimigo ia golpeá-lo, pediu-lhe que esperasse um pouco, a fim de que o amado não o visse ferido pelas costas. "Portanto, não somente os povos mais combatentes são

D os de índole mais amorosa, beócios, lacedemônios e cretenses, mas também os mais antigos, Meléagro,[190] Aquiles,[191] Aristômenes,[192] Címon[193] e Epaminondas![194] Este teve como amados Asópico[195] e Cefisodoro,[196] o qual morreu junto com ele em Mantineia[197] e foi enterrado com honras funerárias ao seu lado. E (...)[198] tornou-se o mais temido e terrível aos inimigos; o primeiro a enfrentá-lo e a golpeá-lo foi Eucnamo de Anfissa,[199] que obteve honras heroicas dos foceus. Pela quantidade, é uma difícil tarefa falar sobre os outros amantes de Héracles; consideram que Iolau foi amado por ele, e os amantes até hoje o veneram e os honram, com juramentos e

E provas sobre seu túmulo. Diz-se que atuou como médico para Alceste,[200] pois a salvou, depois que ela havia perdido a esperança, para agradar a Admeto,[201] tomado de amor pela própria mulher, porque ele também era seu amante. Contam que também Apolo era seu amante,

serviu Admeto com grandeza por um ano.[202]

Como nos veio bem Alceste à lembrança. Uma mulher não partilha muito de Ares; é a possessão de Eros que a faz avançar com coragem sobre-humana e a morrer. Se de algum modo nos é útil a confiança nos mitos, eles também nos mostram os relatos de Alceste, Protesilau[203] e Eurídice[204] de Orfeu,[205]

F que dos deuses somente a Erros, Hades é submetido! Todavia, diante de todos os outros, como afirma Sófocles:

nem comedimento nem graça
conhece, apenas apreciou a simples justiça.[206]

É indulgente com os amantes e somente com eles não é indômito nem amargo. Por isso, companheiro, mesmo sendo bom compartilhar o rito de Elêusis,[207] eu vejo os adeptos e iniciados
762 de Eros estarem em melhor destino no Hades; ainda não fui convencido pelos mitos, embora não os desacredite por inteiro. De fato, eles bem falam e por alguma sorte divina tocam a verdade ao dizerem que há a ascensão do Hades à luz aos amorosos, mas, por onde e como, ignoram, como se equivocados com seu rumo. Quanto à ascensão, o primeiro dentre os homens, Platão, foi quem a percebeu pela filosofia. Em verdade, há certas aporias tênues e obscuras da verdade que são difundidas na mitologia dos egípcios, mas necessitam de um rastreador hábil e capaz de apreender grandes conjunturas com

diminutos dados. "Donde deixemos isso de lado; depois da força de Eros,

B que é tão grande, observemos já sua bondade e sua graça aos homens, e não se proporciona muitas coisas boas aos amados (pois essas são visíveis a todos), mas se favorece os próprios amantes com maiores e melhores dádivas; embora Eurípides fosse amoroso, ele se maravilhou com o mais insignificante, quando afirmou:

> ora, Eros
> ensina um poeta, mesmo se antes sem Musa.[208]

Pois torna inteligente quem antes era indolente; e corajoso, como se diz, o covarde, tal como os que incandescem as vigas fazem das fracas firmes. E todo amante se torna dadivoso, delicado e generoso; mesmo se antes era sórdido,
C dissolve sua mesquinhez e sua avareza à maneira do ferro passado pelo fogo, de modo a agradar seus amantes com presentes, porque não se contentam em serem presenteados por eles. Conheceis, sem dúvida, por que Ânito,[209] filho de Antêmion,[210] tomado de amor por Alcibíades,[211] na ocasião em que oferecia com distinção e brilhantismo um banquete aos seus hóspedes, Alcibíades avançou alegremente e pegou da mesa quase a metade das taças e partiu. Aflitos, seus hóspedes disseram-lhe: "O rapaz dirigiu-se a ti com insolência e soberba". E Ânito disse-lhes: "Ele foi delicado, poderia ter apanhado todas, mas deixou-nos essas tantas".

18. "Então, satisfeito,

D Zeuxipo disse: "Ó Héracles, como quase pus fim ao ódio visceral por Ânito, dado o ocorrido com Sócrates[212] e sua filosofia, se era tão dócil e nobre quanto ao amor".

"O meu pai disse: "Muito bem! Pelo contato com ele, não faz dos desagradáveis e carrancudos os mais humanos e encantadores? Pois "ao acender o fogo, a casa mostra-se digna de honra",[213] também um homem, como parece, é mais radiante sob o calor do amor. Mas a maioria experiencia algo inusitado; se as pessoas veem à noite um brilho na casa, supõem ser algo divino e ficam admiradas;

E quando veem uma alma comum, parca e ignóbil, de repente preencher-se de inteligência, liberdade, desejo de honra, graça e generosidade, não se veem obrigadas a dizer como Telêmaco:[214]

sem dúvida, há um deus dentro dessa casa.[215]

Ele disse: "Aquilo, Dafneu, pelas Cárites, não é algo divino? Porque o enamorado de pouco necessita para preocupar-se com todos os demais, não somente com companheiros e familiares mas também leis, governantes e reis, e não temente, nem admirado nem apreensivo, mas também o "pungente raio",[216] assim sendo, suporta; com isso, ao ver seu belo,

tal o galo se encolhe, como um escravo, recolhendo a asa,[217]

sua ousadia é abatida e despedaçado

F é o orgulho de sua alma. Na morada das Musas, é oportuno recordar Safo. Os romanos narram que o filho de Hefesto, Caco,[218] expelia fogo pela boca, de fluentes chamas; a boca lançava em verdade um som mesclado ao fogo e emitia o calor de seu coração pelas palavras "com as Musas de belas vozes curando o amor,[219] segundo Filóxeno.[220] Mas se, por causa de Lisandra,

763 ó Dafneu, não esqueceste dos antigos rapazes, lembra-nos que a bela Safo diz em seus versos que, ao surgir da amada, sua voz refreia, seu corpo inflama e apoderam-se dela a palidez, o devaneio e a vertigem."²²¹ Após esses versos serem recitados por Dafneu, que (...).²²² Meu pai, tomando a palavra, disse-lhe: "Isso, por Zeus, não evidencia a inspiração? Isso não é uma divina inquietação da alma? Por que a Pítia experimenta tamanha excitação quando na trípode? Um dos inspirados pela divindade, a flauta, o culto de Cibele²²³

B e o tímpano o perturbam assim? Além disso, muitos veem o mesmo corpo e a mesma beleza, e ela captura um, o amoroso. Por qual razão? Não aprendemos nem compreendemos o dito por Menandro,²²⁴

        perigosa doença
da alma, o ferido de bom grado é golpeado.²²⁵

Mas o deus é a causa, que ataca um e aprova outro.

Então, o que mais tinha de ser dito no princípio e neste instante "porque agora veio à boca",²²⁶ conforme Ésquilo, parece-me que nada se pode ocultar, por ser em tudo grandioso. Talvez, companheiro, as demais coisas que vêm ao pensamento, se não forem por nossa sensação, são as que desde o princípio se adquire com o
C mito, a lei e a razão; portanto, sobre a reputação dos deuses, em tudo os nossos guias e mestres foram os poetas, seguidos pelos legisladores, em terceiro os filósofos, que então concordes determinaram a existência dos deuses, apesar de divergirem muito uns dos outros sobre qual o número, a ordem e a potencialidade deles. De fato, os deuses dos filósofos são os

        sem doença nem velhice
        e inexperientes em penas, que por ruidosa
via escaparam de Aqueronte.²²⁷

Por isso não admitem artes poéticas das Érides[228] nem das Litas,[229] nem querem que Fobos[230] e Deimos[231] sejam deuses, e ainda concordar que sejam filhos de Ares. Combatem também os legisladores em muitos pontos, tal como Xenófanes,[232] que exortou os egípcios

D a não honrarem Osíris[233] como um deus, se o consideravam um mortal, e, se acreditavam que ele era um deus, que não o lamentassem.[234] Por sua vez, os poetas e os legisladores, por algumas ideias, unidades numéricas e inspirações divinas elaboradas pelos filósofos, não permanecem para escutá-los nem são capazes de compreendê-los. Em tudo as suas opiniões têm muita estranheza e divergência. Tal como houve outrora três partidos atenienses, dos Parálios,[235] Epácrios[236] e Pedieus,[237] que estavam em dificuldades e divergiam uns dos outros; em seguida, todos se voltaram para isso e deram os votos necessários a Sólon, e juntos o

E elegeram para ser conciliador, arconte e legislador, visto que parecia inconteste que era o primeiro em virtude; assim são os três partidos dos deuses, por terem opiniões divergentes, cada um destina seu voto a um deus e não aceita facilmente um de outro partido. Seguramente, os melhores poetas, legisladores e filósofos concordam sobre um e juntos inscrevem Eros entre os deuses que "em uníssona voz tanto louvaram",[238] como dizia Alceu[239] sobre Pítaco,[240] quando eleito tirano pelos mitilênios. Para nós, Eros é rei, arconte e harmosta; nas mãos de Hesíodo, Platão e Sólon ele é conduzido, coroado, do Hélicon para a Academia[241] e,

F adornado, entra triunfante entre muitas parelhas de amizade e união, não como Eurípides afirma "subjugado por grilhões não de bronze",[242] envolto pelo frio e pelo peso na carne, sob vergonhosa necessidade, mas alado condutor para as mais belas e divinas coisas do ser sobre as quais outros falaram melhor".

19. Após meu pai dizer isso, Soclaro afirmou:

764 "Vês que já, pela segunda vez, cais no mesmo assunto; não sei como te desvias e voltas atrás com veemência, porém não é justo interromper, se o discurso, sendo sagrado, precisa dizer o que parece? Há pouco, de Platão e dos egípcios, como que constrangido, tu te aproximaste, depois te afastaste, e agora estás fazendo o mesmo. Então, sobre "o dito com clareza por Platão",[243] sobretudo, o dito pelas deusas daqui por intermédio de Platão, meu caro, "mesmo que te ordenemos, nada digas".[244] Pelo que mencionaste sobre o mito dos egípcios, isso converge para as doutrinas platônicas sobre Eros, não te é possível senão
B revelar e nos mostrar. Apreciaremos, ainda que ouçamos pouco sobre grandes temas". Porque os demais também lhe pediram, meu pai disse-lhes que os egípcios conhecem, como os gregos, dois Eros bem parecidos, o Pandemo[245] e o Urânio,[246] e um terceiro que denominam Eros, o Hélio,[247] Afrodite (...)[248] têm em grande veneração. Nós vemos muita similitude entre Eros e o sol. Não há um que seja fogo, como alguns imaginam, mas vêm dele a luz do sol, o doce calor e a fertilidade que se apresentam ao corpo como alimento, luz e crescimento, e também à alma. Como o sol que desponta das nuvens e depois do nevoeiro torna-se mais quente,

C assim é Eros; depois da cólera e do ciúme do amante, reconcilia-se com mais prazer e ardência. E ainda tal como alguns pensam que o sol acende e apaga, o mesmo pensam sobre Eros, concebendo-o como um mortal e instável. Por certo, nem o físico de um corpo destreinado pode suportar o sol, nem um tipo de alma ignorante suporta Eros sem sofrimento. Qualquer um fica igualmente perturbado e doente, censurando o poder divino, não a sua própria fraqueza. Exceto nisto Hélio pareceria divergir que mostra por igual coisas belas e feias aos que veem, enquanto Eros é luminosidade apenas para as coisas belas, e convence os amantes a somente

D vê-las e a elas se voltarem, negligenciando todo o resto. Quanto à terra nem (...)[249] falariam que em nada se relaciona a Afrodite; alguns as[250] aproximam por alguma semelhança, pois ela é ctônia e urânia, um território mesclado por imortal e mortal, fraca em si mesma e tenebrosa se não for banhada pelo sol, tal como Afrodite, quando Eros não está presente. Então é natural que a lua se assemelhe a Afrodite e Eros ao sol mais que os demais deuses, embora não sejam em tudo semelhantes. Pois o corpo não é o mesmo que a alma, mas outra coisa, tal como o sol é visível e Eros é inteligível. Se não pensasse em falar com amargura, alguém diria que o sol executa o contrário de Eros,
E pois ele desvia o raciocínio do inteligível para o sensível, enfeitiça com a graça e o brilho da visão e o convence a demandar em si mesmo e ao seu redor pela verdade e pelo resto dos assuntos, e nada de outro lugar.

parecemos ensandecidos de amor
por tudo que brilha sobre a terra,[251]

como Eurípides diz:

por inexperiência de outra vida,[252]

ou melhor, por esquecimento daquilo que em Eros é anamnese. Tal como despertar durante a claridade intensa e brilhante, tudo que foi revelado em sonho escapa da alma, assim, quando nascemos e mudamos de lugar,
F parece que o sol atordoa a memória e envenena o raciocínio; por prazer e admiração, faz esquecer por completo o acontecido. Todavia, a realidade mais verdadeira é a da

alma que está ali e em volta daquelas coisas, e aqui (...)[253] dos sonhos, acolhe e admira o mais belo e divino.

em torno dela dolosos e afáveis sonhos verte,[254]

persuadida de que há toda beleza, honra-o nesse momento, a não ser que encontre por acaso o divino, prudente, médico, salvador e comandante Eros,
765 que dos corpos vem feito um guia para a verdade, do Hades para "a planície da verdade",[255]onde a grande, pura e verdadeira Beleza tem assento; há muito desejosos por saudá-la e unir-se a ela, quando Eros a traz consigo e a envia de bom grado, tal um mistagogo, preside a cerimônia de iniciação. Porém, quando a enviam de volta, Eros não se aproxima dela por si mesma, mas pelo corpo. Como os geômetras com as crianças, que ainda não são capazes por si mesmas de se iniciarem nos conceitos da essência incorpórea e insensível, plasmando imitações tangíveis e visíveis de esferas, cubos e dodecaedros,

B assim Eros é para nós belos reflexos das coisas belas, perecíveis, porém de imperecíveis, passíveis de impassíveis, sensíveis, das divindades e das coisas inteligíveis, combinando figuras, cores e formas na hora juvenil; por sua luminosidade, mostra e move a memória segura antes inflamada por essas coisas. Por isso, em razão da insensibilidade de amigos e familiares, alguns tentam pela força e insensatez destruir sua paixão e logo nada eles retiram de profícuo, mas se preenchem de vapor e perturbação, ou correm sombrios e perversos para os prazeres e se consomem de forma inglória. Quantos, por prudência e lógica com pudor, tal um fogo, sem artifício, afastam a loucura, e deixam uma luz
C e um brilho solar na alma, com um calor, que não é uma agitação, como alguém disse, que se transforma em esperma porque os átomos foram desviados pela excitação

e fluidez, mas uma difusão admirável e fértil, tal como em uma planta brotando e crescendo, abrindo passagens para a aceitação e a gentileza. Nisso, em pouco tempo, eles ultrapassam o corpo de seu amado, transportando-se para seu interior e ligando-se ao seu caráter; percebem as visões evocadas e se unem intensamente uns aos outros por palavras e ações, sempre que houver uma fração do belo, uma imagem dele em seus pensamentos;

D senão, renunciam-nos e se voltam para outros, assim como as abelhas abandonam muitas folhagens e flores por não terem mel. Como quando há um vestígio do deus, uma efluência, sinalizando semelhança, eles são inspirados e envolvidos pelo prazer e pela admiração; usufruem o prazer com sua memória e resplandecem diante de algo verdadeiramente amável, bem-aventurado, querido e desejado por todos.

20. "A maioria dos poetas parece zombar e brincar com o deus, quando escreve sobre ele e o celebra em cantos; e pouco foi dito com seriedade por eles, quer pela inteligência e raciocínio, quer pela vontade divina, que tocasse a verdade;

E nestes versos, há um dado sobre sua origem:

o mais terrível dos deuses,
que Íris[256] de belas sandálias gerou,
após unir-se a Zéfiro[257] de áurea cabeleira.[258]

A não ser que os gramáticos vos tenham persuadido, por dizerem que sua representação nasce para brilho e colorido da paixão." Dafneu falou: "E por que mais seria?". E meu pai disse: "Escutai: assim, impeles-me a falar o óbvio. Não há dúvida de que a luz refletida é uma sensação da visão do arco-íris; quando tranquila por uma nuvem úmida e uniforme, de espessura mediana, lança-se e toca o sol, e vê-se pela luz refletida o seu brilho

F em torno dele e essa luz produz em nós a sensação dessa aparência, porque ela está em uma nuvem. E esse amoroso é engenho e sofisma sobre as almas dos bem-nascidos e dos afeitos ao belo; cria uma luz refletida pela memória, vinda desse lugar das aparências, proclamado por suas coisas belas, e esse belo está verdadeiramente no divino, encantador, bem-aventurado e admirável. Mas a maioria persegue e apalpa sua imagem fantasiosa em meninos e mulheres,

766 tal como em espelhos, e nada consegue alcançar de mais seguro que a mistura do prazer com a dor; mas esse parece que é o turbilhão e o curso errante de Ixíon;[259] em nuvens, tal como em sombras, caça o objeto de seu ardente desejo, como as crianças têm vontade de pegar o arco-íris com as mãos, atraídas pela sua aparência. E outro é o comportamento do amante nobre e prudente; para lá clama a Beleza divina e inteligível; encontra-se com a beleza aparente de um corpo e a utiliza como uma ferramenta da memória, saúda-a e a acolhe com afeição, em convívio e alegria, inflama ainda mais sua inteligência. E, quando estão com seus corpos neste plano, sentem-se desejando e admirando essa luz;

B nem quando estão lá, depois da morte, novamente retornam para cá, em escapada, para se roçarem nas portas e nos quartos dos recém-casados, pesadelos visíveis de homens e mulheres voluptuosos e cultuadores do corpo injustamente declarados amorosos. Na verdade, o amoroso, quando está lá e frequenta os belos, conforme a lei é alado e iniciado em mistérios orgiásticos, e continua dançando no alto e girando em torno de seu deus, até quando retornando ao prado de Selene[260] e de Afrodite, e adormecido, principie outra geração.

"Mas isso", ele disse, "é mais que o proposto pelos presentes

C discursos. Em Eros, como em outros deuses, como diz Eurípides: "há contentamento porque eles são honrados pelos homens",[261] não o contrário. Pois é o mais propício aos que o recebem com elegância, e o mais opressivo aos arrogantes. Nem o Xênios[262] persegue e pune tão célere as injustiças de seus hóspedes e suplicantes, nem o Genétlio,[263] as imprecações dos ancestrais, como Eros escuta com acuidade os amantes maltratados e castiga os ignorantes e arrogantes. Por que alguém falaria de Euxínteto[264] e Leucócoma?[265] Por que falaria da que em Chipre,[266] ainda hoje é chamada Paraciptusa?[267] Mas sobre a

D pena da cretense Gorgo[268] igualmente não ouviste que sofreu o mesmo que Paraciptusa. Exceto que aquela foi petrificada, quando inclinada para ver o cortejo fúnebre de seu amante. Gorgo foi amada por um certo Asandro,[269] jovem moderado e de boa família. Apesar de ele ter saído de ações brilhantes para pequenas e sem brilho, apesar disso, em nada se julgava indigno; ao contrário, por ser um parente dela, pediu a Gorgo que fosse sua mulher, ainda que, por sua riqueza, como parece, fosse disputada e com numerosos pretendentes, e mesmo com muitos e nobres candidatos contra ele. Asandro convenceu todos os tutores e familiares da jovem (...)[270]

21. "Ainda assim, aquelas que dizem as causas e as origens[271]

E de Eros não são peculiares a nenhum dos dois gêneros, são comuns a ambos. As imagens, sem dúvida, envolvem os amorosos e percorrem seu corpo, elas os movem e os excitam sexualmente, para que o esperma deslize[272] com outras substâncias; isso é possível aos meninos e impossível às mulheres? E essas belas e sagradas que são anamneses naquele que nós evocamos no divino, verdadeiro, olímpico e belo, pelas quais a alma voa, (...)[273] o que (...)[274] a impede de ser dos meninos e jovens, ser das virgens e mulheres, quando o caráter puro e ordenado torna-se perceptível na juventude e

F na graça de seu talhe, tal um calçado correto mostra a boa compleição de um pé,[275] como dizia Aríston;[276] ou quando, em imagens belas e corpo imaculado, observam indícios brilhantes, corretos e inabaláveis de uma alma, são os hábeis a perceber tais coisas? O voluptuoso não; ao ser interrogado se

ao feminino tende mais que ao masculino[277]

767 e ele responder

agrada-me onde houver beleza, sou ambidestro,[278]

parece que respondeu pelo desejo sexual. O nobre e afeito ao belo não pela beleza nem pelo físico, mas pelas diferenças dos genitais, escolhe seus amores! E um homem afeito a cavalos preza não menos a natureza de Podargo[279] que a de "Ete[280] de Agamêmnon";[281] um caçador não se alegra somente com os machos, mas também cria filhotes de Creta[282] e da Lacônia,[283] e o afeito ao belo e filantropo não é indiferente nem o mesmo para ambas as espécies, mas, tal como entre sua vestimenta, considera diferentes

B os amores das mulheres e dos homens? Todavia afirmam que a juventude é "a flor da virtude"[284] e que o gênero feminino não mostraria tal florescência nem teria a aparência natural para a virtude; isso é um absurdo. Pois também Ésquilo com correção compôs:

da jovem mulher não me escapa o inflamado
olhar, a que por um homem foi provada.[285]

Então, de um caráter impudente, licencioso e corrupto difundem-se sinais na aparência das mulheres, mas de um ordenado e prudente não há nenhum esplendor no talhe delas? Ou há muitos e se manifestam simultâneos, mas não produzem nada que evoque amor? Nenhum deles é sensato e verdadeiro."

C "Mas usualmente, como está demonstrado, tudo se origina por dois gêneros; como quando se estabelecem regras comuns em uma disputa, ó Dafneu, lutemos contra aqueles discursos, sobre os quais Zeuxipo há pouco discorreu, em que torna Eros o mesmo que um desejo sexual indomável, condutor da alma para a licenciosidade, não que ele estivesse assim persuadido por ter ouvido isso muitas vezes de homens ranzinzas e sem amor. Uns, pelos dotes de mulheres deploráveis, arrastam-nas com sua riqueza à condução da casa, atiram-nas em cálculos escravizantes, combatem-nas dia a dia e as têm em suas mãos.

D Os que necessitam de meninos mais que de mulheres, como as cigarras na cila,[286] ou algo desse tipo, lançam seu sêmen; tão velozmente fecundam os corpos a esmo e, colhido o fruto, já mandam passear o casamento, ou, se mantido, não se importam com ele, nem valorizam amar ou ser amado. Como há a diferença de uma letra entre "apreciar" (stérgein), "ser apreciado" (stérgesthai) e "proteger" (stégein), isso me parece mostrar logo que, a benevolência uniu-se à necessidade por tempo e prática. Quem Eros visita (...)[287] e inspira, primeiro da cidade platônica[288] terá "o meu" e "o não meu", pois não é uma simples "comunhão de amigos"[289] nem de todos, mas os

E que delimitam seu corpo, unem e confundem a alma à força, não querem ser dois, nem pensam nisso. Depois, há a temperança entre eles, a qual é necessária ao casamento, ela tem de fora e das leis (...)[290] mais que espontaneamente, constrangimento pela vergonha e pelos medos, obra de muitas rédeas e lemes,²⁹¹

está sempre nas mãos dos cônjuges. Compartilha com Eros tamanho autodomínio, decência e confiança, de modo que, quando um dia toca uma alma licenciosa, ela se retira dos outros amantes, extirpa a audácia e abate a soberba e a imoralidade, levando ao pudor, quietude, tranquilidade e decoro, e a veste de forma decente, e a torna a ouvinte de um único.

F Conheceis, sem dúvida, de ouvido, como Laís, a celebrada e muito amada, inflamou de desejo a Grécia; mais, foi motivo de combate nos dois mares.²⁹² Depois que Eros a tocou pelo tessálio Hipólico, "ela deixou para trás a Acrocorinto banhada por verdes águas"²⁹³ e fugiu, escondida (...) ²⁹⁴ da grande tropa de outros amantes

768 e de um grande exército de cortesãs, partiu com decência. Lá as mulheres, pela inveja e pelo ciúme de sua beleza, conduzindo-a ao santuário de Afrodite, saquearam-na e a assassinaram. Por isso, como parece, ainda hoje eles chamam o santuário de Afrodite Andrófono.²⁹⁵ Sabemos, além disso, que criadas evitam relações sexuais com seus senhores e que homens comuns desdenham suas rainhas, porque Eros é seu soberano e o possuem na alma. Assim como em Roma contam que, ao se proclamar um tirano, eles retiravam seus outros comandantes, assim é aos que tornam Eros seu senhor: estão livres e independentes de outros senhores e comandantes,

B como cumpre aos escravos dos templos. A nobre mulher, unida ao marido legítimo por Eros, suportaria mais os cercos dos ursos e das serpentes que os toques e o leito de um homem estranho.

22. "Visto que há uma abundância de exemplos, para vós, os conterrâneos e cultores do deus, não convém omitir o da gálata[296] Cama.[297] Por ela ter a aparência mais insigne, e tendo sido desposada pelo tetrarca[298] Sinato,[299] Sínorix,[300] enamorado por ela, quando se tornou o homem mais poderoso entre os gálatas, assassinou Sinato, porque não seria capaz de tê-la nem pela violência nem pela persuasão, enquanto aquele homem vivesse.

C Cama teve como refúgio e consolo de seu sofrimento ser sacerdotisa, por herança familiar, de Ártemis. Ela passava o tempo todo ao lado da deusa, nada admitia de seus pretendentes, muitos reis e governadores. Quando Sínorix encorajou-se ao casamento, ela não se distanciou dele nem o acusou pelo passado, porque Sínorix foi levado pela benevolência e pelo desejo sexual por ela, não por outro vício qualquer. Então, aquele veio confiante e a pediu em casamento. E ela foi ao encontro dele, levantando sua mão direita, conduziu-o ao altar da deusa e, em libação, verteu da taça uma mistura de leite com mel; como parece, o líquido estava envenenado. Em seguida,

D ela bebeu a metade da poção e deu o restante ao gálata. Quando viu que ele o havia bebido, soltou um vigoroso grito; pronunciando o nome do morto, disse: "Eu, durante o dia, ó caríssimo esposo, permanecendo longe de ti, vivi na tristeza. Agora me acolhes com alegria; por ti, repeli o pior dos homens, tive o prazer de compartilhar tua vida e a morte dele". Então, Sínorix, carregado na liteira, morreu pouco depois e Cama sobreviveu ainda um dia e uma noite; diz-se que morreu corajosa e alegre.

23. Ocorrendo muitos fatos semelhantes, junto

E a nós e junto aos bárbaros, quem entre os que insultam Afrodite sustentaria que acrescentada a Eros e presente impeça o surgimento da amizade? A comunhão de um do gênero masculino com outro, que é mais pela intemperança e cópula, alguém, refletindo, diria que:

este feito é de Híbris,³⁰¹ não de Cípris.³⁰²

Por isso, os que se comprazem em ser passivos, consideramos o pior gênero de vício; sem participação de confiança, nem de pudor nem de amizade, mas, na verdade, conforme Sófocles:

> os de tais amigos destituídos,
> se alegram, os que têm desejam fugir.³⁰³

Quantos, que não são maus por natureza, foram enganados

F ou compelidos a consentir e entregar-se, e mais que a nenhum outro homem eles reprovam, odeiam para sempre e os repelem duramente, pela oportunidade de levá-los aos tribunais. Pois Cráteas³⁰⁴ matou Arquelau,³⁰⁵ quando seu amante; também Pitolau³⁰⁶ a Alexandre de Feras.³⁰⁷ Periandro, o tirano dos ambraciotas, porque perguntou ao amado se ele não estava grávido, este sentiu-se provocado e o matou.

769 Mas com as mulheres, esposas legítimas, está o princípio dessa amizade, como a comunhão dos grandes ritos. E o pouco prazer, vindo da esposa, faz desabrochar a cada dia a honra, a graça, o carinho um pelo outro e a confiança. Não se deve acusar os délficos de tagarelice, quando chamam Afrodite Harma;³⁰⁸ nem Homero, quando declara que é "afeição" tal comunhão. E atesta que Sólon foi o mais experiente legislador porque se voltou aos assuntos matrimoniais, ordenando não menos de três vezes ao mês manter relações sexuais com a esposa, não pelo prazer, sem dúvida, mas como as cidades, que de tempo em tempo

B renovam as alianças umas com as outras, assim ele quer renovar o casamento a cada ocasião pelas imagens das frases guardadas naquela gentileza. Mas, pelo amor das mulheres, muitas são as maldades e loucuras!" O quê? Não mais numerosas que por amor de meninos?

> ao ver teu semblante familiar, perdi o chão.
> Imberbe, tenro e belo jovem,
> unido a ele eu morra e que isso valha um epigrama.[309]

Mas tal essa paixão louca por meninos é a paixão por mulheres, e em nenhuma das duas há amor. É absurdo afirmar que nenhuma mulher participa da virtude. Por que é preciso falar sobre a prudência e a compreensão delas, ainda sobre a fidelidade e o senso de justiça, visto que há coragem,

C ousadia e magnanimidade na maioria delas? E, entre outras coisas, que a beleza e a natureza delas, ainda que censuradas, revelam dissonâncias apenas para a amizade, é completamente desastroso. Também porque nelas há afeição pelos filhos e marido, e a disposição para a estima nelas; tal como uma terra fértil, são capazes de nutrir a amizade, e não isentas de obediência nem de graça e são submissas. Como a poesia adapta à palavra os encantos da melodia, da métrica e do ritmo, e cria disso a mais estimulante educação e a lesão mais desmerecida, assim também a natureza, por colocar na mulher um olhar gracioso, uma voz persuasiva e uma forma atraente no talhe, em muito incita a licenciosa para

D o prazer e o engano, enquanto a prudente, para a benevolência e a grande amizade com seu esposo. Platão a Xenócrates,[310] que era nobre quanto ao resto e muito austero no caráter, convidou para sacrificar às Cárites. A uma mulher honesta e prudente exortaria a sacrificar a Eros, para que ele, benevolente, conviva em seu casamento, e doçura (...)[311] adornea-a com todos os encantos femininos; que seu marido não se perca por outra e não seja obrigado a proferir falas de uma comédia:

tal mulher injuriei, eu sou um infeliz.[312]

Amar no casamento é um bem maior que ser amado,

E pois se liberta de muitos enganos, sobretudo, de todos os que destroem e violam o casamento.

24. Suscetível e pungente no início, ó venturoso Zeuxipo, não o temas como se fosse uma chaga ou uma picada. Entretanto, mesmo com incisão talvez não seja nada de terrível; tal como enxerto nas árvores, tornar-se unido pela natureza à mulher honesta. Também é uma ulceração o início da gravidez, pois não há intimidade sem que sofram um pelo outro. Tal qual perturba os primeiros cálculos aos meninos e a filosofia aos jovens, mas tal angústia nem sempre os acompanha nem aos amantes; assim como os líquidos
F misturam-se uns com os outros, parece que Eros cria certa ebulição e a perturbação; em seguida, com o tempo, assentado e purificado, provê a mais segura composição. Na verdade, essa é a chamada "união completa",[313] a dos que se amam; e a dos que convivem de outro modo, conforme Epicuro,[314] parece intersecções e entrelaçamentos, tomada de colisões e afastamentos, por isso não realizam tal união,
770 como faz Eros, quando empreende a união matrimonial. Pois não há prazeres maiores vindos de outros, nem proveitos contínuos com outros, nem a beleza de outra amizade é tão ilustre e zelosa como

> quando, concordes em pensamentos, um lar tenham
> um homem e uma mulher.[315]

De fato, a lei os ampara e a natureza mostra que os deuses necessitam de Eros para a procriação regular. Assim, os poetas dizem "a terra ama a chuva"[316] e o céu a terra, e os físicos dizem que o sol ama a lua para copular e fecundar. E a terra, mãe dos homens e origem de todos os animais e plantas, não é inevitável que um dia pereça e se desvaneça por completo,

B se o habilidoso amor e o desejo do deus abandonarem sua matéria e esta cessar de desejar sexualmente e perseguir aquele princípio e movimento?

Mas, para que não pareçamos muito digressivos ou por inteiro falaciosos, sabes que, quanto aos amores pelos meninos, muitas vezes, reprovam e zombam porque é a mais incerta; afirmam que, tal como um ovo, a amizade deles é cortada por um fio de cabelo; eles passam a primavera, como nômades, entre folhagens e floradas; em seguida, levantam acampamento da terra, por sua hostilidade. Ainda mais cansativo foi o sofista Bíon,[317] chamava os cabelos dos belos Harmódio[318] e Aristogíton,[319]

C por serem os amantes libertos por eles de sua bela tirania. Não é justo acusar com isso os verdadeiros amantes. Estas palavras proferidas por Eurípides são refinadas: pois o belo Ágaton,[320] já com crescente barba, enquanto o abraçava e beijava, disse-lhe que era o belo dos belos, pois também o outono é belo. (...)[321] recebe somente (...)[322] nem em cabelos grisalhos e rugas, quando se atinge a maturidade, mas permanece até seus funerais e monumentos comemorativos. Poucos pares são de rapazes, enquanto computamos inúmeros por amor às mulheres; todos fiáveis, que carregam consigo uma união fiel e diligente. Quero, neste momento, discorrer sobre quando Vespasiano[323] era imperador.

D 25. Civílio,[324] motivador da revolta na Galácia, muitos outros, como é natural, teve como aliados, e também Sabino,[325] um homem jovem e ilustre que, por sua riqueza e reputação, destacava-se entre todos os gálatas. Após terem atacado, por conta dos grandes acontecimentos, porque se viram em privações e expectavam pagar impostos, uns se mataram e outros foram capturados em fuga. As outras circunstâncias propiciavam a Sabino fácil fuga e um refúgio junto aos bárbaros; por ter-se casado com a mais virtuosa de todas, a qual lá era chamada Êmpona,[326] que poderia ser chamada em grego Heroína,

E ou ele nem foi capaz de abandoná-la nem de levá-la consigo. Ele cavou alguns fossos no campo, seus esconderijos, onde escondeu seu dinheiro, locais que somente dois de seus libertos conheciam. Depois liberou o restante de seus servos, como se fosse matar-se com veneno; ao lado dos dois fiáveis desceu para o esconderijo. Enviou o liberto Marciálio[327] à sua esposa para anunciar sua morte por envenenamento e o incêndio de sua cabana junto com seu corpo, pois queria usar seu luto para que a notícia sobre sua morte parecesse verossímil. E isso ocorreu, pois ela se lançou ao solo e ficou como caiu; seu corpo,

F com lamentos e prantos, suportou três dias e noites sem alimento. Assim que Sabino foi informado disso, ficou temeroso, porque não queria que ela morresse, e ordenou a Marciálio que lhe dissesse em segredo que ele estava vivo e escondido, e que ela permanecesse em luto

771 e não (...)[328] para que fosse convincente em sua encenação. Então, pelas demais vicissitudes da mulher, ela vivamente encenou sua tragédia, com aparência de sofrimento. Tomada pelo desejo, partiu uma noite para vê-lo e retornou. Desde então, escondida dos outros, pouco faltava para viver no Hades, e esteve com seu marido por mais de sete meses consecutivos. No final deles, ela arrumou Sabino com roupas femininas, cortou seus cabelos e adornou sua cabeça; irreconhecível, levou-o com ela para Roma, porque lhe haviam dado esperanças. Posto que nada aconteceu, ela retornou e ficou com ele a maior parte do tempo embaixo da terra; por vezes, ela visitava a cidade para que fosse vista pelas amigas e

B mulheres da família. O mais incrível de tudo foi esconder sua gravidez enquanto se banhava com as mulheres. A solução, com a qual as mulheres untavam os cabelos, tornava-os dourado-cintilantes e vermelho-fogo, pois contém uma substância que torna a pele entumecida e flácida, de modo tal que lhe provoca um tipo de expansão e dilatação; utilizando-a com abundância nas demais partes do corpo, porque a curvatura de sua barriga aumentava e se alongava, assim ela a escondia. Ela própria suportou as dores do parto, tal como uma leoa; camuflada, escondida com seu marido, amamentou as crias, machos, dela nascidas. Ela deu à luz a dois. Um de seus filhos morreu, tombou no Egito;

C e o outro, chamado Sabino, esteve há pouco junto a nós em Delfos. Quanto a ela, o imperador ordenou seu assassínio. E ele recebeu a sentença pela morte dela; em pouco tempo, toda sua prole, sem exceção, foi eliminada. O Império nada havia suportado de mais grave nem houve outra imagem da qual deuses e divindades afastassem seu olhar. Todavia a confiança e a altivez dessa mulher anulavam a compaixão dos espectadores, o que muito irritou Vespasiano, e o desestimulou por sua salvação, embora ela o exortasse a trocar de vida, pois ela viveu na escuridão e sob a terra com mais prazer que aquele reinando."

D 26. Naquele momento, meu pai disse que o diálogo entre eles sobre Eros havia terminado e, quando já estavam nas proximidades de Téspia, viram, avançando mais rápido que em marcha na direção deles, Písias, um dos companheiros de Diógenes. Soclaro, ainda distante, disse-lhe: "Não é uma guerra, Diógenes, que estás anunciando", e aquele: "Não pronuncieis palavras de mau agouro", ele disse, "porque estão em um casamento; irão rapidamente, visto que vos aguardam para o sacrifício?"

Todos se alegraram, e Zeuxipo perguntou se ainda havia algum problema. "Antes," falou Diógenes, "concordo com Ismenodora. Agora, de bom grado, porque pegou o alvo manto e a coroa, é capaz de liderar a procissão da ágora até o templo do deus". "Mas, vamos,

E por Zeus," disse meu pai, "vamos, para que riamos com o esposo e reverenciemos o deus, pois é evidente que ele se alegra e está presente, propício, nesses acontecimentos".

NOTAS

[1] O monte Hélicon está situado na Beócia, na região do Vale das Musas, local em que foi erigido um santuário às filhas da deusa Mnemôsine com Zeus. A região é também conhecida por ter sido o local de inspiração para os poemas de Hesíodo, século VII a.C., nascido em Ascra, cidade próxima do monte. O monte Hélicon também abrigava a fonte de Hipocrene, famosa por ter-se originado de uma patada no chão dada por Pégaso, cavalo nascido do sangue da Medusa, após esta ter sido degolada pelo herói Perseu.

[2] Filho primogênito de Plutarco.

[3] As Musas eram filhas da deusa Mnemôsine e de Zeus, e trazem ora o epíteto de Piérides, ora de Heliconíades. Elas eram em nove; a saber: Calíope (poesia épica), Clio (história), Euterpe (música lírica e flauta), Melpomene (tragédia), Terpsícore (dança), Erato (hinos e música para lira), Polímnia (cantos sacros) e Talia (comédia). Segundo Apolodoro, elas foram geradas após nove noites de amor entre Zeus e Mnemôsine; consultar Apolodoro, Biblioteca, 189-192, e Hesíodo, Teogonia, 55.

[4] Amigo de Autobulo.

[5] Festividade realizada a cada quatro anos na cidade de Téspias, no sul da Beócia, em honra do deus Eros. Por estar localizada aos pés do monte Hélicon, morada das Musas, as honras se estendiam às filhas de Mnemôsine e de Zeus.

[6] Deus do amor, considerado primordial, gerado junto com Geia a partir do Caos; ler Hesíodo, *Teogonia*, 120-122. Há ainda a tradição

poética que o associa a Hermes e Afrodite, sendo o resultado da união entre eles.

[7] Filósofo grego, século IV a.C., discípulo de Sócrates, escritor do gênero dialógico pelo qual perpassam seus conceitos filosóficos de forma dialética.

[8] Rio intermitente que corta todo o sudeste e sul de Atenas, cuja nascente encontra-se na montanha Himeto, celebrada por seu mel e seu mármore, também situada na planície ática.

[9] Plutarco faz referência ao diálogo platônico Fedro, no qual o filósofo descreve o local em que se desenrola a conversa de Sócrates com o jovem Fedro, às margens do rio Ilisso; verificar Fedro, 229a, 230b-c.

[10] Trata-se da deusa Mnemôsine, filha de Urano e Geia, que se uniu a Zeus no monte Piéria, por nove noites consecutivas, e depois deu à luz as nove Musas.

[11] Plutarco era casado com Timôxena, a quem dedicou um tratado intitulado Consolação à Esposa, na ocasião da morte de sua filha, também chamada Timôxena, quando ele estava ausente de sua cidade natal.

[12] Cidade localizada na região da Beócia, famosa por suas festividades dedicadas ao deus Eros, as Erotídias.

[13] Cidade grega situada na região da Fócida.

[14] Ilha grega do mar Egeu, famosa por suas jazidas de ouro.

[15] Pai dos deuses e dos homens, Zeus, filho de Crono e Reia, reinou sobre todos após destronar seu pai; sobre a origem e os acontecimentos que antecederam seu reinado, ler Hesíodo, *Teogonia*, 468-506.

[16] Filho de Alcmena e Anfitrião, cuja verdadeira paternidade é atribuída a Zeus, que a iludiu tomando a forma de seu marido, quando lutava contra os teléboas. Embora Héracles tenha sido consagrado à deusa Hera — seu nome significa "em honra de Hera"—, dos filhos bastardos de Zeus, ele foi o mais perseguido pela deusa dos olhos de vaca, que não perdia uma oportunidade para eliminar o fruto bastardo. No entanto, como filho de Zeus, coube a Héracles demonstrar que o poder de seu pai era maior; assim, venceu todos os obstáculos empreendidos por Hera.

[17] Atribui-se esse verso a Eurípides, provavelmente contido em sua peça intitulada Crisipo; consultar Nauck-Snell, *Trag. Graec. Fr.*, p. 692.

[18] Na peça *Crisipo*, Eurípides narra que Laio apaixonou-se pelo rapaz e promoveu o seu rapto, tal episódio é conhecido como a primeira manifestação de amor pederasta na literatura grega. Há também referência a esse amor de Laio em Platão, *As Leis*, livro VIII, 836b-c e Ateneu, livro XII, 602f. Após esse ato, Laio, rei de Tebas, casou-se com Jocasta e juntos geraram Édipo, o filho que, destinado ao infortúnio, cumpriu a profecia délfica de que mataria seu pai e desposaria sua mãe. Para melhor compreensão do mito de Édipo, há a Trilogia Tebana escrita por Sófocles, tragediógrafo grego do século V a.C., composta pelas peças *Édipo Rei*, *Antígona* e *Édipo em Colono*.

[19] Protógenes era de Tarso, cidade localizada na Cilícia, que era uma das províncias romanas da Ásia Menor, região que corresponde hoje à Turquia e à Síria. Plutarco redigiu uma biografia de seu conquistador Pompeu, em que narra o feito do general romano em 64 a.C.; consultar Plutarco, *Vida de Pompeu*, XXIV-XXIX.

[20] Capital da Ática, conhecida pelo seu desenvolvimento artístico, pela instituição do regime democrático e pela construção de uma poderosa frota naval.

²¹ Um epodo de Arquíloco, poeta nascido na ilha de Paros, século VII a.C.; consultar fr. 181 W.

²² Discípulo de Sócrates, nascido na colônia grega de Cirene, na Ásia Menor, em 435 a.C. e lá morto em 356 a.C. Foi o fundador da escola filosófica cirenaica ou Hedonista, considerado o precursor do Epicurismo por afirmar que o prazer é o único bem absoluto da vida. Diógenes de Laércio escreveu uma biografia desse filósofo; ler *Vidas e doutrinas dos filósofos ilustres*, II, 65-104.

²³ Cortesã de Corinto famosa por sua beleza e poder de persuasão, por quem Aristipo teria se apaixonado. Tal relação é descrita por Diógenes de Laércio; consultar nota supra.

²⁴ Fr. Trag. Adesp. 401 Kannicht-Snell, de uma tragédia perdida, de autoria desconhecida.

²⁵ Personagem da peça teatral desconhecida de Filípides, apresentado como orador.

²⁶ Comediógrafo grego, século IV a.C., disputava os festivais com seu principal rival Estrátocles, com peças cômicas ao estilo da *Comédia Nova*, mais voltada para temas da vida quotidiana.

²⁷ Filípides, fr. 31 Kock.

²⁸ Local situado fora dos muros de Atenas, dedicado a Héracles, também abrigava um ginásio, único a permitir a entrada de filhos de cidadãos que eram bastardos ou de mãe estrangeira. Também é conhecido por ter sido o local de fundação da Escola Cínica no século V a.C., cuja doutrina filosófica foi idealizada por Antístenes, um discípulo de Sócrates. O local foi escolhido pelo filósofo porque, em sua visão de filosofia prática, Héracles atua como seu modelo ideal.

²⁹ Poeta épico grego a quem é atribuída a autoria dos versos em hexâmetro dactílicos da *Ilíada* e da *Odisseia*. Estudos realizados sobre

a cronologia de suas obras nos trazem informações de que datam dos séculos XII a IX a.C.

[30] Homero, *Ilíada*, XXI, 252.

[31] Homero, *Ilíada*, XXIV, 315.

[32] Anacreonte, fr. 13a Bergk and Diehl.

[33] Poeta lírico nascido em Teos, na Ásia Menor, século VI a.C., conhecido pelo conteúdo erótico de seus versos.

[34] Anacreonte, fr. 99 (444).

[35] Legislador e poeta ateniense, século VI a.C. Sobre ele, há uma biografia plutarquiana; ler Plutarco, *Vida de Sólon*.

[36] Sólon, fr. 25 W.

[37] Tragediógrafo grego, nascido em Elêusis, 525-426 a.C.

[38] Ésquilo, fr. 135 Nauck, excerto da peça perdida *Mirmídones*.

[39] Poeta tebano, 518-438 a.C., compôs odes de conteúdo aristocrático; exaltador do modo de vida dos dórios.

[40] Deus que personifica o elemento fogo; por sua singular habilidade na atividade de ferreiro, foi responsável pela confecção das armas e dos adereços dos deuses. Também conhecido por ser um deus coxo, condição adquirida após ser atirado do Olimpo por sua mãe, Hera, que o gerou sem o auxílio de Zeus.

[41] Píndaro, Pítica, II, 42.

[42] Filha de Crono e Reia, irmã e esposa de Zeus, é a principal deusa do Olimpo. A principal característica de Hera retratada na

literatura é a sua indignação frente à infidelidade de seu companheiro, não poupando esforços para perseguir os amantes de Zeus e os frutos dessas uniões ilegítimas.

[43] Poetisa grega nascida em Mitilene, capital da ilha de Lesbos, século VII a.C.

[44] Safo, fr. 34 Diehl.

[45] Nauck, Trag. Graec. Fr. p. 916, de uma peça trágica perdida, de título e autor desconhecidos.

[46] Platão fala desse desejo sexual desmedido, que tira nossa racionalidade e nos aproxima dos animais, como quadrúpedes (tetrápodos — τετράποδος) em dois diálogos, a saber, Fedro, 251e e As Leis, I, 636c.

[47] Platão, *As Leis*, VIII, 839b.

[48] Epíteto de Afrodite que faz referência ao tempo em que a deusa viveu na ilha de Chipre.

[49] Filho de Zeus e Sêmele, deus da vinha, do vinho e do delírio místico. Um episódio marca o nascimento de Dioniso: sua mãe pede a Zeus que lhe apareça com todo o seu esplendor. Zeus atende ao pedido; no entanto, o fulgor divino foi tamanho que Sêmele transformou-se em cinzas. Antes disso, como estava grávida de seis meses, Zeus rapidamente retirou-lhe o filho e o costurou em sua coxa.

[50] Dístico elegíaco de Sólon, fr. 26 W, repetido por Plutarco na *Vida de Sólon*, XXXI, 7 e no tratado *O banquete dos sete sábios*, 155F.

[51] Trata-se de um trímetro que expressa um provérbio popular; consultar Nauck, Frag. Trag. Adesp., 403.

⁵² Deusa do amor, filha de Urano, nascida dos órgãos sexuais de seu pai, cortados por Crono, que caíram nas ondas do mar e que, em suas espumas, geraram Afrodite. Nas águas do mar, a deusa foi levada à ilha de Citera e em seguida a Chipre.

⁵³ Fr. Trag. Adesp. 404 Kannicht-Snell; não dispomos de qualquer informação sobre essa peça.

⁵⁴ Referência ao episódio narrado por Heródoto em *Histórias*, III, 23.

⁵⁵ Região situada no norte da África, importante entreposto comercial.

⁵⁶ Poeta grego, nascido na cidade de Ascra, na Beócia, século VIII a.C.

⁵⁷ Hesíodo, *Os trabalhos e os dias*, 696-698.

⁵⁸ Lacuna no manuscrito.

⁵⁹ Idem.

⁶⁰ Plutarco traça uma relação entre as mulheres que são penas para seus maridos e a personificação divina da Punição, Pena, ambos com a mesma grafia penía (πενία).

⁶¹ Na biografia de Temístocles, Plutarco narra que ela era concidadã da mãe do político ateniense; *Vida de Temístocles*, I, 1.

⁶² Conforme Ateneu, 594b, uma cortesã de origem sâmia.

⁶³ Desconhecida. Alguns exegetas interpretam esse nome como um erro de transcrição e afirmam que se trata de Estratonice, século III a.C., que dominou o rei do Egito Ptolomeu Filadelfo, conforme Ateneu, 576F, ou Mitridates, rei do Ponto, conforme Plutarco na *Vida de Pompeu*, XXXVI, 3-7.

⁶⁴ Mãe de Agatocleia, a cortesã que conquistou Ptolomeu Filopator, 221-204 a.C.

⁶⁵ Cortesã famosa por ter seduzido o rei do Egito Ptolomeu Filopator.

⁶⁶ Há vários relatos sobre o amor da rainha da Babilônia Semíramis e o rei de Nínive Nino, que, em linhas gerais, seguem os registros de Diodoro Sículo; consultar *História Universal*, II, 1-5.

⁶⁷ Amante do rei do Egito Ptolomeu Filadelfo, 283-246 a.C.

⁶⁸ O santuário de Delfos estava localizado na cidade do mesmo nome, junto ao monte Parnaso, na Fócida. O local desempenhou importante papel na religiosidade grega por seus oráculos atribuídos ao deus Apolo e proferidos pela sua sacerdotisa, a Pítia; por isso, os festivais realizados em Delfos recebem o nome de Jogos Píticos. O nome Pítio está relacionado à serpente Píton, que Apolo matou e, nesse lugar, instituiu seu santuário. Plutarco compôs três tratados denominados *Tratados Délficos*; a saber, *Do E de Delfos*, *Do oráculo da Pítia* e *Do declínio dos oráculos*.

⁶⁹ Antígono Gônatas, 320-239 a.C., rei da Macedônia.

⁷⁰ Colina situada próxima ao Pireu, porto ateniense.

⁷¹ Filha de Creonte, rei de Tebas, desposou Héracles após este ter vencido os Mímias de Orcômeno. Mégara vivencia uma trágica história ao lado de seu marido, que, em razão de um delírio provocado por Hera, assassina os filhos que juntos tiveram. Há duas peças que retratam esse episódio; *Eurípides*, *Hércules Furioso* e a peça de Sêneca, que manteve o título euripidiano.

⁷² Sobrinho de Héracles. Acompanhou o tio em todos os seus trabalhos, como condutor de seu carro. Por várias vezes, foi fundamental na realização das tarefas hercúleas.

⁷³ Tragediógrafo grego, 480-406 a.C., nasceu na ilha de Salamina, região da Ática, no dia da batalha naval travada ali contra os persas. A data mais provável é 29 de setembro. Sobre a batalha na ilha, consultar Heródoto, *Histórias*, VIII. No teatro, Eurípides celebrizou-se pela invenção de um expediente cênico conhecido como *Deus ex machina*, em que o desfecho do drama ocorre de forma inesperada, com a intervenção de uma divindade.

⁷⁴ Um trímetro de Eurípides extraído de uma peça desconhecida; consultar Fr. 986 Nauck-Snell.

⁷⁵ Ilha localizada no mar Egeu. Heródoto narra dois episódios singulares ocorridos em Lemnos. No primeiro, ele registra que, em passagem pela região, o herói Jasão e os Argonautas passaram pela ilha e geraram filhos com as mulheres lêmnias. Pela narrativa herodotiana, depreende-se que, quando jovens, os filhos bastardos foram enviados de volta ao território de seus pais na Lacedemônia. Ler Heródoto, *Histórias*, IV, 145. No segundo episódio, Heródoto narra que, por vingança, os pelasgos raptaram algumas mulheres atenienses, mas os filhos nascidos das uniões entre eles e as próprias mulheres julgavam-se superiores ao seu povo. Irados e tementes, os pelasgos executaram tais mulheres e crianças. O historiador assinala ainda que, a partir disso, todos os atos de crueldade passaram a ser chamados de "atos lêmnios". Ler ainda Heródoto, *Histórias*, VI, 138. Na peça Filoctetes, de Eurípides, Lemnos é a ilha em que Filoctetes foi picado por uma cobra;, após serem instruídos por um oráculo, os gregos tiveram como missão resgatá-lo da ilha por necessitarem das flechas de Héracles que ele portava.

⁷⁶ Fr. 85 Diels. Plutarco também cita esse fragmento em *Da Ausência de Ira*, 457D e na *Vida de Coriolano*, XXII, 3.

⁷⁷ Filósofo grego nascido em Éfeso, na Ásia Menor, século VI a.C., acreditava que a origem de todas as coisas era o fogo.

⁷⁸ Heráclito 14 [A116] Colli (=22B 25 Diels-Kranz). Plutarco repete o pensamento heraclitiano, com algumas variações, em *Vida de Coriolano*, XXII, 3 e Da ausência de ira, 457D.

⁷⁹ Localizado ao norte da África, o Egito era uma importante província na época de Plutarco, responsável por parte significativa do abastecimento de grãos do Império romano.

⁸⁰ Eurípides, *Bacantes*, 203.

⁸¹ É uma peça não preservada de Eurípides.

⁸² Eurípides, fr. 480 Nauck-Snell, de Melanipo Sábia.

⁸³ Eurípides, fr. 481 Nauck-Snell, de Melanipo Sábia.

⁸⁴ Filha de Zeus e Métis, esta foi engolida por Zeus antes de conceber, por conta de um oráculo que o alertava sobre o perigo de terem juntos um filho, pois seria ele quem destronaria Zeus. Então, Atena foi costurada na cabeça de seu pai, para que findasse a gestação.

⁸⁵ Plutarco faz referência ao mito de Átis, um deus frígio, que, tomado de amor por Agdístis, um hermafrodita, em um acesso de loucura castrou-se em uma ocasião orgiástica, fato que resultou em sua morte. Tal divindade era cultuada por aqueles que eram castrados.

⁸⁶ Adônis faz parte da mitologia síria, que narra uma história de incesto entre o rei Tiante e sua filha Mirra, que o enganou para ter relações sexuais com o pai. Este a perseguiu para matá-la, mas os deuses a salvaram, transformando-a em árvore; dez meses depois nasceu Adônis, um menino de beleza extraordinária, que despertou a compaixão de Afrodite, que o confiou a Perséfone para criá-lo, mas esta não quis devolvê-lo à Cípria; tal contenda foi resolvida por Zeus, que determinou que elas partilhassem sua companhia.

⁸⁷ Poeta e filósofo grego, 492-432 a.C., nascido em Agrigento na Sicília.

⁸⁸ Filotes (Φιλότης) é a personificação da afeição que se sente por alguém, que pode ser por amizade ou desejo sexual.

⁸⁹ Empédocles, 31 B 17, frags. 20-21 Diels-Kranz.

⁹⁰ Eurípides, fr. 898, 1 Nauck-Snell, de uma tragédia desconhecida.

⁹¹ Eurípides, *Hipólito*, 449-450.

⁹² Empédocles, 31 B 151 Diels-Kranz.

⁹³ Sófocles, fr. 855.1-4 Nauck.

⁹⁴ Tragediógrafo grego, 496-405 a.C., nasceu em Colono, próximo a Atenas.

⁹⁵ Ésquilo, *Coéforas*, 295.

⁹⁶ Filósofo grego, 515-460 a.C., nascido em Eleia, na região da Magna Grécia.

⁹⁷ Parmênides, 28 B 13 Diels-Kranz.

⁹⁸ Eurípides, fr. 322, 1 Nauck-Snell, de Dânae, tragédia perdida.

⁹⁹ Deus grego do mundo subterrâneo, filho de Crono e Reia.

¹⁰⁰ Trímetros de uma peça perdida de Sófocles, fr. 855, 1-4 Nauck.

¹⁰¹ Filho de Zeus e de Hera, pertence à segunda geração dos deuses olímpicos, considerado o deus da guerra, do combate. Sobre a origem de Ares, ler Hesíodo, *Teogonia*, 921-922.

¹⁰² Sófocles, fr. 754 Nauck. Citação encontrada também no tratado de Plutarco intitulado *Como os jovens devem ouvir a poesia*, 23C.

¹⁰³ Homero, *Ilíada*, V, 31.

¹⁰⁴ Homero, *Ilíada*, V, 831.

¹⁰⁵ Filósofo grego, 280-206 a.C., nascido em Sólio, na Cilícia, conhecido por ter sido chefe da Stoa, local em que eram observadas as doutrinas da filosofia estoica.

¹⁰⁶ Crisipo, fr. 2 von Arnim.

¹⁰⁷ Filho de Zeus e Maia, mensageiro dos desígnios do pai dos deuses e dos homens.

¹⁰⁸ "Bélico", epíteto de Ares.

¹⁰⁹ "Combatente", epíteto de Ares.

¹¹⁰ "Caçadora", epíteto de Ártemis, exímia arqueira, tal seu irmão gêmeo Apolo. Ela, de arco e flechas argênteos, por isso associada à lua; já ele, de áureos, ao sol.

¹¹¹ Filho de Apolo e da ninfa Cirene, ele ensinou aos homens tudo que aprendera com as Ninfas; a saber, a arte dos laticínios, na apicultura e o cultivo da vinha.

¹¹² Parte de um hexâmetro, provavelmente de Calímaco; consultar fr. anon. 379 Schneider.

¹¹³ Apolo "Caçador".

¹¹⁴ Da peça perdida de Ésquilo, *Prometeu libertado*; consultar fr. 200 Nauck.

[115] Homero, *Odisseia*, V, 69.

[116] Eram as ninfas que habitavam as florestas, em particular, os carvalhos.

[117] Píndaro, fr. 165 Snell-Maehler, verso citado também no tratado plutarquiano *Do declínio dos oráculos*, 415D.

[118] Píndaro, fr. 153 Snell-Maehler. Plutarco registra os mesmos versos nos tratados *Ísis e Osíris*, 365A e *Assuntos de Banquetes*, 745A.

[119] Filha de Zeus e Hera, divindade que protege os partos. Ilitia em muito auxiliou Hera em suas empreitadas vingativas contra as traições matrimoniais de Zeus; as duas ações mais conhecidas foram suas tentativas de impedir os partos de Leto e de Alcmena.

[120] "Que assiste o parto", epíteto da deusa Ártemis, que também é venerada como a deusa da parturição.

[121] Plutarco faz referência ao filho de Apolo, Asclépio, deus da medicina, conhecedor dos remédios salvadores.

[122] Trata-se de Hermes Psicopompo, o condutor de almas; era esse deus que acompanhava as almas até o Hades e as reconduzia à luz, sempre que solicitado.

[123] Fr. Trag. Adesp. 405 Kannicht-Snell. Peça cujos autor e título nos são desconhecidos.

[124] Eurípides, *Bacantes*, 66.

[125] Idem, ibidem.

[126] Expressão homérica encontrada em vários passos de sua obra, mas é particularmente conhecida pelos seguintes versos da *Odisseia*: II, 372 e XV, 531.

¹²⁷ Filhas de Zeus e Eurínome, cujos nomes são Eufrosina (Alegria), Talia (Festa) e Aglaia (Brilho). Por seus dons artísticos, elas acompanham Apolo e as Musas. As três irmãs são consideradas as difusoras da alegria na natureza e nos corações dos deuses e dos homens.

¹²⁸ Melanípides, fr. 7 (763) Page.

¹²⁹ Poeta ditirâmbico, 520-450 a.C., nascido em Melo, de cuja obra nos chegaram apenas alguns fragmentos. O avô de Melanípides tinha o mesmo nome, do que depreendemos que ele era o filho mais velho, pois havia entre os gregos o costume de dar o nome do avô ao primeiro filho. Além do mesmo nome, por seu avô também ter sido poeta, há entre os exegetas a dúvida de qual deles seria o autor dos fragmentos remanescentes em nossa época.

¹³⁰ Filho de Zeus e Leto, deus da adivinhação e da música, conhecido por sua excepcional beleza física.

¹³¹ Os Coribantes, sacerdotes de Reia, esposa de Crono, habitavam a ilha de Creta. Em seu delírio religioso emitiam altíssimos sons e gritos capazes de encobrir, por exemplo, o poderoso choro de Zeus, quando menino, para que não fosse descoberto e devorado por seu pai Crono.

¹³² Sófocles, fr. 778 Nauck, de uma tragédia desconhecida.

¹³³ Filha de Crono e Reia, a deusa mãe, divindade da terra cultivada.

¹³⁴ Filho de Hermes e Dríope, era um deus originário da Acádia, cultuado como deus dos pastores e dos rebanhos.

¹³⁵ Platão, *Fedro*, 245a.

¹³⁶ Ésquilo, *Suplicantes*, 681-682.

¹³⁷ Lacuna no manuscrito.

¹³⁸ Atributo de Dioniso, trata-se de um caduceu ornamentado com ramos de hera e de videira.

¹³⁹ Fr. 406 Nauck, tragédia de título e autoria desconhecidos.

¹⁴⁰ Homero, *Ilíada*, VII, 121-122.

¹⁴¹ O ritmo trocaico é marcado pela sequência de versos compostos por uma sílaba longa seguida de uma breve, com um ritmo bem acelerado.

¹⁴² Como o trocaico, a melodia frígia caracteriza-se por seu ritmo agitado e frenético, que favorecia o estado de transe típico do ritual báquico.

¹⁴³ Sacerdotisa de Apolo que cumpria o dever de pronunciar o oráculo do deus ao seu consulente.

¹⁴⁴ Assento de três pés. No caso específico da trípode de Delfos, acreditava-se que o local dela expelia um gás divino que proporcionava o transe à Pítia.

¹⁴⁵ Eurípides, *Hipólito*, 478.

¹⁴⁶ Pretor do século I a.C., Plutarco redigiu uma biografia do político romano; consultar *Vida de Catão*.

¹⁴⁷ Lacuna no manuscrito.

¹⁴⁸ Corrente filosófica grega fundada por Antístenes no século V a.C. O local escolhido pelo filósofo, o Cinosarges, lugar fora dos muros de Atenas, deu origem ao nome da escola.

[149] Essa expressão cínica é encontrada em Diógenes de Laércio, *Vidas e doutrinas dos filósofos ilustres*, VIII, 121.

[150] Lacuna no manuscrito.

[151] Lacuna no manuscrito.

[152] Sófocles, *Traquínias*, 497.

[153] Lacuna no manuscrito.

[154] Cortesã nascida em Téspias, já citada subliminarmente em 753E-F, o que explica a parcimônia de Plutarco ao se referir a ela, uma vez que seu público também é composto por téspios, além de ser deselegante a um estrangeiro criticar o povo que o recebe, uma norma da hospitalidade grega.

[155] *Diálogo do Amor*, 750D.

[156] Desconhecemos dados dessa personagem; há apenas uma referência em Ateneu, *Noites Áticas*, XIII, 581 A.

[157] Fr. Trag. Adesp. 407 Kannicht-Snell, de título e autor desconhecidos.

[158] Homero, *Ilíada*, XVII, 57.

[159] Filho de Zeus e Pluto, reinava na Frígia, ou na Lídia, e sua rainha era a filha de Atlas, Níobe. Pesavam sobre Tântalo duas ações que desagradaram aos deuses. A primeira refere-se ao roubo do néctar e da ambrosia de um banquete no Olimpo, que ele ofertou aos amigos mortais. Já na segunda, também relacionada a um banquete dos deuses, Tântalo serviu seu filho Pélops como refeição. Em reação aos atos tantálicos, os deuses impuseram-lhe um castigo que varia conforme a tradição. Uma versão dá conta de que Tântalo foi colocado sob uma enorme pedra em posição oblíqua, prestes a cair;

seu suplício consiste em pensar que ela cairá a qualquer momento sobre ele. Em outra, ele é punido com a fome e a sede eternas e seu castigo é tentar saciá-las sem êxito.

[160] Rei da Lídia, século VIII a.C., dominou as colônias gregas da Jônia, mas era amigo dos gregos e por isso partilhava de sua preferência pelos oráculos provindos de Delfos, sendo conhecido por suas doações ao santuário de Apolo.

[161] Conhecido na corte de Augusto como um trocista, dado assinalado em fr. 251 Warmington e Juvenal, *Sátiras*, I, 56-57.

[162] Amigo e conselheiro do imperador Augusto, século I a.C., desempenhou importante papel no desenvolvimento da produção cultural e artística de sua época, em razão de sua proximidade com seus artífices, além de financiá-los. Um exemplo disso é Virgílio e sua Geórgicas; por isso, seu nome tornou-se um substantivo, "mecenas", que nos remete a uma pessoa rica e amante das artes, cuja satisfação está em patrocinar os talentos que encontra em suas reuniões.

[163] Cidade grega localizada na península do Peloponeso, o nome da cidade é uma homenagem ao seu herói fundador Argos, filho de Zeus e de Níobe.

[164] Personagem desconhecida.

[165] Personagem desconhecida.

[166] É provável que se trate do rei Filipe V da Macedônia, que esteve na cidade em 209 a.C., por ocasião da celebração das Nemeias, um festival dedicado ao herói Efialtes, morto na expedição dos Sete contra Tebas, episódio narrado em uma peça de Ésquilo intitulada *Os Sete contra Tebas*.

[167] Tucídides narra que Aristogíton e Harmódio eram amantes e que este último assassinou Hiparco, filho do tirano Pisístrato, em

514 a. C., por ciúme do amado. Consultar *História da Guerra do Peloponeso*, VI, 54-58. Em outra versão, esse episódio é recontado por Platão em *O Banquete*, 182c.

[168] Assassinou o tirano de Metaponto, na Magna Grécia, por ele ter assediado seu amado Hiparino, século VI a.C. Ler Aristóteles, *Ética a Eudemo*, 1229a.

[169] Melanipo e Cáriton de Agrigento, na Magna Grécia, supostamente amantes, assassinaram o tirano Fálaris, em 550 a.C.

[170] Alexandre, o Grande, 356-323 a. C., rei da Macedônia e da Pérsia. Filho de Filipe, foi educado por vários sábios, sendo Aristóteles o mais famoso. Alexandre é citado em diversas obras da Antiguidade. Para uma leitura mais abrangente dos fatos de sua vida, ler a extensa biografia plutarquiana desse grande personagem da história.

[171] Dispomos apenas da informação do próprio Plutarco de que a personagem provinha de Tarento, na Magna Grécia; consultar *Vida de Alexandre*, XXII, 1.

[172] Plutarco narra que Próteas era um dos preferidos de Alexandre, de quem recebia muitos presentes; ler *Vida de Alexandre*, XXXIX, 6.

[173] Personagem desconhecida.

[174] Plutarco reconta essa anedota de outro modo em *Ditos de Reis e Generais Espartanos*, 180 F.

[175] Paráfrase de Sófocles, *Antígona*, 783-784.

[176] Fr. Trag. Adesp, 408. Kannicht-Snell, de uma tragédia perdida e de autoria desconhecida.

[177] Os sete filhos de Níobe, esposa de Anfíon, que também deu à luz sete filhas.

[178] Sófocles, fr. 410 Nauck, da tragédia perdida *Níobe*.

[179] Guerra entre Erétria e Cálcis, de 710-650 a.C., conhecida como Guerra Lelantina por ser o nome da fértil planície na ilha de Eubeia, considerada o celeiro de Atenas. A Tessália é uma região que está situada ao centro da Grécia.

[180] Século VII a.C., nascido em Farsália, na Tessália.

[181] Filósofo grego, 384-322 a.C, nasceu em Estagira, na região da Calcídia. Aristóteles fundou o Liceu, que ficou mais conhecido como Escola Peripatética em função de seu hábito de discursar caminhando. Além de seus escritos, outro feito destacado em sua trajetória são os ensinamentos que compartilhou com Alexandre, o Grande, ao desempenhar a função de seu preceptor.

[182] Importante entreposto comercial e local de grande valor geopolítico, por ser uma região banhada pelo mar Negro, estreito de Bósforo, o mar de Mármora e o mar Egeu. No século V a.C., a Trácia foi dominada pelos persas e tornou-se uma satrapia do rei Dario. No século IV a.C., foi conquistada por Filipe e anexada ao Império Macedônio e, em 43 a.C., foi dominada pelos romanos.

[183] Ilha localizada na região central da Grécia, cuja capital é a cidade de Cálcis.

[184] Carmina popularia 27 (873).

[185] Provavelmente, trata-se do poeta Dionísio de Corinto, século III a.C.

[186] General tebano, século IV a.C., a quem várias inovações nas táticas de guerra foram atribuídas pelos tebanos. Plutarco faz

referência a ele ainda na *Vida de Pelópidas*, XVIII, 2 e em *Assuntos de Banquetes*, 618D.

[187] Homero, *Ilíada*, II, 362.

[188] Homero, *Ilíada*, XIII, 131 e XVI, 215.

[189] Tirano de Agrigento, Magna Grécia, século V a.C. Em parte, sua fama de admirador das artes advém do fato de os poetas Píndaro e Simônides terem frequentado seu palácio.

[190] Filho de Eneu, rei dos etólios de Cálidon, e de Alteia. Herói conhecido pelo famos episódio da "Caça de Cálidon"; conforme a narrativa homérica, o rei Eneu sacrificou aos deuses em gratidão pelo bom resultado de sua caçada, porém excluiu a deusa Ártemis do ritual. Irada, a deusa da caça impingiu-lhe um castigo: enviou ao seu reino um gigantesco javali para assolar seu território. De acordo com um oráculo, Meléagro deveria manter-se distante da caçada organizada pelos habitantes da região, o que não ocorreu, e o vate se cumpre: o filho do rei é atingido por uma flecha e morre. Consultar Homero, *Ilíada*, IX, 529-566.

[191] Filho de Peleu, rei da Ftia, e da deusa Tétis, filha de Oceano. Aquiles foi o principal herói da Guerra de Troia; sem ele, conforme um oráculo, não haveria a tomada dos muros troianos, pois ele estava destinado a morrer na guerra em troca da glória eterna.

[192] Herói da chamada Segunda Guerra da Messênia, século VII a.C., liderou os hilotas contra o domínio de Esparta, mas foi vencido pelo obstinado exército espartano, quando se exilou na ilha grega de Rodes. Plutarco compôs uma biografia sobre Aristômenes que não chegou aos nossos dias.

[193] Político ateniense, século V a.C., filho de Miltíades, um aristocrata ateniense, e de uma princesa da Trácia. Principal opositor de Péricles, foi condenado ao ostracismo em 461 a.C., sob acusação de

ser partidário de Esparta. Consultar Tucídides, *História da Guerra do Peloponeso*, I, 98-112 e Plutarco, *Vida de Címon*.

[194] Comandante tebano, séculos V-IV a.C., destacou-se por ter sido o primeiro a derrotar o exército espartano, instituindo o domínio de Tebas sobre a cidade de Esparta, na batalha de Leuctras, na região da Beócia, em 371 a.C. Consultar Cornélio Nepos, *Epaminondas*.

[195] Personagem desconhecida.

[196] Personagem desconhecida.

[197] Cidade situada na Arcádia, região central da península do Peloponeso. Mantineia era conhecida por ter sido o palco da batalha, em 362 a.C., travada entre tebanos e espartanos, vencida pelo general tebano Epaminondas, que derrotou o rei espartano Agesilau.

[198] Lacuna no manuscrito.

[199] Não dispomos de outras informações sobre essa personagem.

[200] Esposa de Admeto, cujo mito é retratado na peça de Eurípides intitulada *Alceste*.

[201] Rei da Tessália, a quem Apolo foi obrigado a servir por um ano, como expiação por ter assassinado os Ciclopes, filhos de Urano e Geia. A motivação de Apolo para tal feito teria sido porque eles forjaram o raio de Zeus, responsável pela morte de seu filho Asclépio.

[202] Hexâmetro atribuído a Calímaco por Schneider, fr. 380.

[203] Príncipe tessálio que participou da Guerra de Troia, foi o primeiro a pisar no solo troiano, mas logo que desembarcou foi morto pelas mãos de Heitor. Consultar Homero, *Ilíada*, II, 695-714.

²⁰⁴ Esposa de Orfeu. Durante um passeio nos bosques da Trácia, Eurídice foi picada por uma serpente e morreu.

²⁰⁵ Filho de Eagro e da musa Calíope, Orfeu era um talentoso aedo; por ser natural da Trácia, trajava vestes trácias. O dom de Orfeu encantava a todos e, graças a ele, conseguiu que sua esposa já morta pudesse voltar à terra; no entanto, como Orfeu não cumpriu o ordenado por Hades e Perséfone — que não olhasse para trás até que saíssem do mundo subterrâneo —, Eurídice retornou ao reino dos mortos.

²⁰⁶ Sófocles, fr. 703 Nauck.

²⁰⁷ Elêusis é uma cidade da antiga Grécia em que, segundo o mito de Deméter e Perséfone, a deusa mãe se refugiou quando Hades raptou sua filha. Nesse local, a deusa também instituiu ritos conhecidos como os Mistérios de Elêusis, os quais eram destinados à iniciação ao culto das deusas agrícolas Deméter e Perséfone.

²⁰⁸ Eurípides, fr. 663 Nauck-Snell, da peça perdida Estenebeia.

²⁰⁹ Acusador de Sócrates no processo cujo desfecho foi sua condenação à morte, por meio da ingestão de cicuta.

²¹⁰ Conhecido apenas como pai de Ânito; consultar nota anterior.

²¹¹ Político ateniense, século V a.C., foi amigo de Sócrates, famoso por sua riqueza, beleza e inteligência, tendo protagonizado eventos importantes da história grega; consultar Plutarco, *Vida de Alcibíades*.

²¹² Filósofo ateniense, 469-399 a.C., cujo pensamento filosófico encontra registro em Platão e, em menor escala, em Xenofonte. Foi condenado a beber cicuta em 399 a.C. pela acusação de impiedade e corrupção dos jovens.

²¹³ *Certame de Homero e Hesíodo*, 274. Essa citação também aparece no tratado plutarquiano, *Da virtude e do Vício*, 100 D.

²¹⁴ Filho do herói Odisseu e da rainha Penélope, é uma das personagens da Odisseia em um conjunto de versos conhecidos como Telemaquia, quando o jovem sai em busca de seu pai e com isso obtém mais experiência de vida, episódio visto como um rito de passagem de Telêmaco da puberdade para a idade adulta; ler Homero, Odisseia, I, 96-847.

²¹⁵ Homero, *Odisseia*, XIX, 40.

²¹⁶ Píndaro, *Pítica*, I, 5.

²¹⁷ Frínico, fr. 17 Snell. Verso citado ainda em *Vida de Alcibíades*, IV, 3 e *Vida de Pelópidas*, XIX, 11.

²¹⁸ O episódio em que Caco expele fogo pela boca encontra-se em Virgílio, *Eneida*, VIII, 184-275.

²¹⁹ Filóxeno, fr. 9 [822] Page, de um poema intitulado "Ciclope e Galateia". Conforme Plutarco em *Assuntos de Banquetes*, 622C, o poema de Filóxeno versa sobre o amor de Polifemo e a ninfa.

²²⁰ Poeta ditirâmbico, 435-380 a.C., nascido na ilha grega de Citera, próxima à península do Peloponeso.

²²¹ Plutarco faz alusão à célebre ode de Safo, fr. 31 Loebe-Page.

²²² Lacuna no manuscrito.

²²³ Denominada a Grande Mãe, também conhecida como a deusa da Frígia, seu culto se manifesta em ritos orgiásticos que permaneceram até a época imperial.

²²⁴ Nascido em Atenas, estima-se que entre os séculos IV e II a.C., foi o principal comediógrafo da chamada Comédia Nova.

²²⁵ Menandro, fr. 791, 7-8 Nauck-Snell, de uma comédia desconhecida.

²²⁶ Ésquilo, fr. 351 Nauck.

²²⁷ Píndaro, fr. 143 Snell-Maehler. Nesses versos, o poeta nos remete à travessia do Aqueronte, o rio que as almas deveriam cruzar para atingir o Hades, o reino dos mortos. O barqueiro Caronte estava encarregado de transportar as almas, mas o fazia mediante o pagamento de um óbulo, por isso a tradição grega de enterrar seus mortos colocando essa moeda em sua boca.

²²⁸ Hesíodo nos apresenta Éris, a personificação da Discórdia, em duas versões, uma boa e outra ruim, o que explica a referência plutarquiana estar no plural; consultar Hesíodo, *Os Trabalhos e os Dias*, 11-41. Sobre sua origem e descendência, consultar Hesíodo, Teogonia, 225-232.

²²⁹ Personificação das Preces, que, segundo Homero, nasceram de Zeus e tinham um aspecto envelhecido por sua pele enrugada; ler Homero, *Ilíada*, IX, 502-512.

²³⁰ Personificação do Pavor; no relato homérico, Ares, após a perda de seu filho Ascálafo, convoca-o para combater ao lado do deus para vingá-lo. Consultar Homero, *Ilíada*, XV, 110-120.

²³¹ Homero apresenta-o como filho de Ares, ao lado do pai no campo de batalha; ler Homero, *Ilíada*, XIII, 299-303.

²³² Poeta e filósofo nascido em Cólofon, na Ásia Menor, 570-478 a.C., conhecido por suas acirradas críticas às representações antropomórficas das divindades.

²³³ Deus egípcio relacionado à vegetação e à vida pós-morte. Sítios arqueológicos atestam que Osíris foi o deus mais cultuado pelos antigos e muitas vezes aparece associado à sua irmã e esposa Ísis, deusa mãe e esposa. Plutarco faz uma leitura particular dessas divindades egípcias em seu tratado *Ísis e Osíris*, quando relaciona os ritos egípcios ao pensamento filosófico grego. O interesse de Plutarco reflete seu apego aos assuntos religiosos bem como um diálogo com seu presente, uma vez que Ísis e Osíris eram cultuados na Roma de seu tempo.

²³⁴ Xenófanes, fr. 21 A 13 Diels-Kranz.

²³⁵ Os povos que habitam junto ao mar, no litoral.

²³⁶ Os povos que habitam na região mais alta, nas montanhas.

²³⁷ Os povos que habitam no plano, nas planícies.

²³⁸ Alceu, fr. 348 Lobel-Page.

²³⁹ Poeta lírico, século VI a.C., nasceu em Mitilene, capital da ilha de Lesbos.

²⁴⁰ Tirano de Mitilene, século VI a.C., considerado um dos Sete Sábios da Grécia antiga. O poeta Alceu, seu opositor político, destaca em seus versos a feiúra e a origem pobre de Pítaco.

²⁴¹ Escola fundada por Platão, que sobreviveu até 529 d.C., quando o imperador romano Justiniano ordenou a sua destruição.

²⁴² Eurípides, fr. 595 Nauck-Snell, da tragédia perdida Pirítoo. Citação cara a Plutarco, dado que a encontramos em *Dos Muitos Amigos*, 96D, em *Do Amor Fraterno*, 482A e em *Da Falsa Modéstia*, 533A.

²⁴³ Alusão à teoria platônica do amor, exposta principalmente nos diálogos *Fedro* e *O Banquete*.

²⁴⁴ Homero, *Odisseia*, XII, 453.

²⁴⁵ Eros Pandemo, ou Público, comum a todo o povo.

²⁴⁶ Eros Urânio, ou Celeste, relacionado ao céu.

²⁴⁷ Eros Hélio, relativo ao sol.

²⁴⁸ Lacuna no manuscrito.

²⁴⁹ Lacuna no manuscrito.

²⁵⁰ Plutarco faz referência à relação estabelecida entre Afrodite e a lua, que ele registrará mais à frente.

²⁵¹ Eurípides, *Hipólito*, 193-194.

²⁵² Eurípides, *Hipólito*, 195.

²⁵³ Lacuna no manuscrito.

²⁵⁴ Hexâmetro de origem incerta, mas em geral atribuído a Calímaco. Consultar Schneider, Fr. Anon. 381.

²⁵⁵ Platão, *Fedro*, 248b.

²⁵⁶ Filha de Taumas e Electra, descendentes de Oceano, a deusa é representada pelo arco-íris, que simboliza a união entre deuses e homens, um elo entre o céu e a terra, por isso considerada a mensageira dos deuses.

²⁵⁷ Filho de Aurora e Astreu, personificação do vento oeste, irmão de Bóreas, o vento norte, e de Noto, o vento sul, conforme Hesíodo,

Teogonia, 378-382. Posteriormente, Higino, em seu prefácio de *Fábulas*, acrescenta mais um irmão a Zéfiro, Favônio, o vento leste.

[258] Alceu, fr. 327 Lobel-Page.

[259] O mito de Ixíon está relacionado à origem dos Centauros, seres que eram meio homens e meio cavalos. Segundo a tradição grega, Ixíon, apaixonado por Hera, planejou violá-la, mas Zeus, quando ciente do ardil, deu a forma da deusa a uma nuvem; da relação nasceu Centauro, pai dos Centauros. Antes, nossa personagem havia protagonizado o primeiro relato mítico sobre um familiar que assassina outro. Após desposar Dia, filha de Dione, rei dos Lápitas, descumpriu o acordado com seu sogro e o matou para eliminar sua dívida. A ingratidão de Ixíon para com o rei estendeu-se a Zeus, pois, em um tribunal divino, o deus foi o único a compreendê-lo e a lhe conceder o perdão.

[260] Personificação da Lua, filha de Hipérion e Tia, era representada jovem e bela em um carro argênteo que cortava o céu conduzido por dois cavalos.

[261] Eurípides, *Hipólito*, 6-7.

[262] Trata-se de Zeus Xênios, ou Hospitaleiro, relacionado à recepção e à proteção de hóspedes estrangeiros.

[263] Zeus Genétlio, ou Familiar, protetor da família.

[264] Cretense amante de Leucócoma.

[265] A cretense Leucócoma é conhecida por ter imposto uma série de tarefas ao seu amante Euxínteto. Ler Estrabão, *Geografia*, X, 4, 12.

[266] Ilha grega situada no mar Mediterrâneo, próxima à Asia Menor.

[267] Literalmente: "a que se inclina para olhar", dado esclarecido nas linhas seguintes.

[268] Personagem citada apenas neste diálogo plutarquiano.

[269] Personagem desconhecida.

[270] Lacuna no manuscrito.

[271] Frase atribuída aos epicuristas. A filosofia epicurista tem sua origem no século IV a.C. e traz o nome de seu fundador, o filósofo Epicuro de Samos, cuja principal doutrina centra-se na busca do prazer, por este ser o único caminho para a felicidade.

[272] Pensamento igualmente atribuído aos epicuristas.

[273] Lacuna no manuscrito.

[274] Lacuna no manuscrito.

[275] Aríston de Quíos, fr. 390 Von Armim. No entanto o fr. 21Werli aponta Aríston de Ceos como seu autor.

[276] Aríston de Quios, século III a.C., filósofo estoico, autor de *Diatribes sobre o Amor*. Aríston de Ceos, filósofo peripatético, século III a.C., cujas obras são desconhecidas. Consultar nota anterior.

[277] Fr. Com. Adesp. 360 Kock, III, p. 476, de autoria e título desconhecidos.

[278] Fr. Trag. Adesp. 355 Kannicht-Snell. Não há dados sobre essa peça. Como o fragmento da nota anterior, Plutarco o repete em seu tratado Como um jovem deve ouvir poesia, 34A.

[279] Cavalo de Menelau.

²⁸⁰ Égua de Agamêmnon.

²⁸¹ Homero, *Ilíada*, XXIII, 295. Podargo e Ete vinham atrelados ao carro de Menelau. Consultar notas anteriores. Plutarco também registra esse verso em outro tratados; consultar *Como um jovem deve ouvir poesia*, 32E; *Ditos Lacônicos*, 209C e *Sobre comer carne*, 988A.

²⁸² Ilha grega de maior dimensão territorial, situada ao sul do mar Egeu.

²⁸³ Região grega localizada na Península do Peloponeso. Quanto aos filhotes de Creta e da Lacônia, em Xenofonte, encontramos informações de que as cadelas dessas regiões se distinguiam por sua bravura em enfrentar os animais selvagens; já em Aristóteles, lemos que os cães da Lacônia tinham um aspecto selvagem e que lutavam com obstinação. Ambos os autores concordam sobre a eficiência desses animais na caça dos mais selvagens. Ler Xenofonte, *Da Caça*, X, 1 e Aristóteles, *História dos Animais*, 607b.

²⁸⁴ Crisipo, fr. 718 von Arnim, citação que aparece na biografia do filósofo estoico, século III a.C., escrita por Diógenes de Laércio no século III d.C.; consultar *Vidas e Doutrinas dos Filósofos Ilustres*, VII, 130.

²⁸⁵ Ésquilo, fr. 243 1-2 Nauck.

²⁸⁶ Espécie de cebola marinha, um tipo de planta medicinal.

²⁸⁷ Lacuna no manuscrito.

²⁸⁸ Platão, *República*, 462c.

²⁸⁹ Dito atribuído aos pitagóricos; ler Diógenes de Laércio, *Vidas e doutrinas dos filósofos ilustres*, VIII, 10. Plutarco repete essa máxima em seu tratado *Assuntos de Banquetes*, 644B e 743E.

²⁹⁰ Lacuna no manuscrito.

²⁹¹ Sófocles, fr. 785 Nauck, fragmento citado por Plutarco ainda em *Vida de Alexandre*, VII, 2.

²⁹² A cidade de Corinto era banhada por dois mares, o Egeu e o Jônio.

²⁹³ Eurípides, fr. 1084 Nauck-Snell. Acrocorinto é a fortaleza da acrópole de Corinto.

²⁹⁴ Lacuna no manuscrito.

²⁹⁵ Epíteto que significa "homicida". Santuário localizado na Tessália, região central da Grécia.

²⁹⁶ Adjetivo que designa um povo de origem celta que habitava a Galátia, situada entre a Bitínia e a Capadócia, na Ásia Menor.

²⁹⁷ Rainha da Galácia, cuja história é narrada com mais detalhes no tratado plutarquiano *Da virtude das mulheres*, 257E-258C.

²⁹⁸ Governador de uma das quatro partes da província.

²⁹⁹ A Galácia era subdividida em quatro governos; segundo nos informa Estrabão, *Geografia*, XII, 1, Sinato era um deles. Plutarco repete essa informação em seu tratado *Da virtude das mulheres*, 257E.

³⁰⁰ Personagem relacionada a este episódio narrado por Plutarco, também narrado em *Da virtude das mulheres*, 257E-258C.

³⁰¹ Personificação da insolência desmedida.

³⁰² Fr. 409 Nauck, de peça e autor desconhecidos.

³⁰³ Sófocles, fr. 770 Nauck. Plutarco cita esses versos em seu tratado *Dos muitos amigos*, 94D.

[304] Personagem citada somente nesse episódio.

[305] Rei da Macedônia, século V a.C., conhecido por ter hospedado Eurípides em seu palácio, conforme vemos em Aristóteteles, *Política*, 1311b.

[306] Personagem citada apenas nesse renomado episódio.

[307] Tirano de autores de diversas Feras, cidade localizada na região da Tessália, século IV a.C. A história do assassínio de Alexandre é contada por épocas, de Xenofonte a Cícero. Sobre as diferentes e contraditórias versões desse episódio, consultar Plutarco, *A malícia de Heródoto*. Estudo, tradução e notas de Maria Aparecida de Oliveira Silva, Edusp, São Paulo, 2012.

[308] Epíteto que designa, segundo Chantraine, a personificação de Junção, Ajuste ou União, tal palavra está na raiz de harmonía, que em português nos leva à Harmonia, uma boa opção de tradução para o epíteto conferido à Afrodite em Delfos. Harma está relacionada ainda, na música, à modulação ou aos acordes; na crítica literária, ao arranjo das palavras; na medicina, à junção de dois ossos e, na pintura, à gradação.

[309] Kock, p. 450, Adespoton 222-224. Versos de um desconhecido poeta cômico.

[310] Nasceu na Calcídia, 395-314 a.C., e viveu grande parte de sua vida em Atenas, onde foi discípulo de Platão em sua Academia. Também foi o terceiro homem a conduzi-la após a morte de seu mestre e fundador.

[311] Lacuna no manuscrito.

[312] Kock, p. 450, Adespoton 221. Comédia de título e autor desconhecidos.

³¹³ Expressão atribuída à filosofia estoica, a partir de um passo do tratado filosófico *Sobre o Matrimônio*, do estoico Antípatro de Tarso; consultar *Stoicorum veterum fragmenta*, III, p. 2555, 11-16.

³¹⁴ Nascido na ilha grega de Samos em 341 a.C., o filósofo dirigiu-se a Atenas para desenvolver suas teorias e dar início à Escola Filosófica Epicurista, permanecendo lá até a sua morte em 270 a.C.

³¹⁵ Homero, *Odisseia*, VI, 183-184.

³¹⁶ Eurípides, frag., 898.7 Nauck, de uma peça desconhecida.

³¹⁷ Conforme Diógenes de Laércio, Bíon nasceu em Ólbio, no mar Negro, estudou em Atenas e tornou-se um filósofo da doutrina cínica, estima-se entre os séculos IV e III a.C.; consultar Diógenes de Laércio, *Vidas e doutrinas dos filósofos ilustres*, IV, 46-58.

³¹⁸ Cidadão ateniense, famoso por sua beleza, que despertou o interesse de Hiparco, o tirano de Atenas, que o cortejou e logo foi preterido por ele, apaixonado por Aristogíton, por temerem a reação furiosa de Hiparco, os amantes tramam seu assassinato em 514 a.C.

³¹⁹ Amante de Harmódio e seu cúmplice no assassínio do tirano ateniense Hiparco.

³²⁰ Dotado de singular beleza, personagem da peça aristofânica Tesmoforiantes e dos diálogos platônicos *O Banquete* e *Protágoras*, tragediógrafo ateniense nascido em 447 a.C. Como Eurípides, participou da vida artística da Macedônia durante o reinado de Arquelau, local em que permaneceu até sua morte em 401 a.C. Plutarco também o cita na *Vida de Alcibíades* I, 5 e no tratado *Ditos de reis e imperadores*, 177A.

³²¹ Lacuna no manuscrito.

³²² Idem.

³²³ Nascido na cidade sabina de Riete em 9 d.C., foi imperador romano, de 69 a 79 d.C. É conhecido por ter conquistado a Bretanha e ter iniciado a construção do Coliseu de Roma, que foi inaugurado logo após a sua morte pelo imperador Tito em 79 d.C. Há uma interessante biografia de Vespasiano redigida por Suetônio.

³²⁴ Seu nome latino era Caio Júlio Civile; considerado inimigo de Roma ao lado de Sertório e Aníbal, incitou uma revolta contra Roma, em 69-70 d.C.

³²⁵ Cidadão ilustre da Galácia, partícipe da revolta de 69-70 d.C.

³²⁶ Não temos certeza sobre seu verdadeiro nome, pois aqui é nomeada Êmpona, mas em Tácito, Emponina e em Dion Cássio, Peponila. Ler Tácito, *Histórias*, IV, 67 e Dion Cássio, *História de Roma*, LVIX, 3 e 16.

³²⁷ Personagem citada apenas nesse episódio.

³²⁸ Lacuna no manuscrito.

ἘΡΩΤΙΚΟΣ

Collocuntur Flavianus et Autobulus Plutarchi filius alliis praesentibus

748

1. Φ. Ἐν Ἑλικῶνι φῄς, ὦ Αὐτόβουλε, τοὺς περὶ Ἔρωτος λόγους γενέσθαι, οὓς εἴτε γραψάμενος εἴτε καταμνημονεύσας τῷ πολλάκις ἐπανερέσθαι τὸν πατέρα νυνὶ

F μέλλεις ἡμῖν δεηθεῖσιν ἀπαγγέλλειν;

ΑΥ. Ἐν Ἑλικῶνι παρὰ ταῖς Μούσαις, ὦ Φλαουιανέ, τὰ Ἐρωτίδια Θεσπιέων ἀγόντων· ἄγουσι γὰρ ἀγῶνα πενταετηρικὸν ὥσπερ καὶ ταῖς Μούσαις καὶ τῷ Ἔρωτι φιλοτίμως πάνυ καὶ λαμπρῶς.

Φ. Οἶσθ' οὖν ὃ σοῦ μέλλομεν δεῖσθαι πάντες οἱ πρὸς τὴν ἀκρόασιν ἥκοντες;

749 ΑΥ. Οὔκ, ἀλλ' εἴσομαι λεγόντων.

Φ. Ἄφελε τοῦ λόγου τὸ νῦν ἔχον ἐποποιῶν τε λειμῶνας καὶ σκιὰς καὶ ἅμα κιττοῦ τε καὶ σμιλάκων διαδρομὰς καὶ ὅσ' ἄλλα τοιούτων τόπων ἐπιλαβόμενοι γλίχονται τὸν Πλάτωνος (Phaedr. 229 a. 230 c) Ἰλισσὸν καὶ τὸν ἄγνον ἐκεῖνον καὶ τὴν ἠρέμα προσάντη πόαν πεφυκυῖαν προθυμότερον ἢ κάλλιον ἐπιγράφεσθαι.

ΑΥ. Τί δὲ δεῖται τοιούτων, ὦ ἄριστε Φλαουιανέ, προοιμίων ἡ διήγησις; εὐθὺς ἡ πρόφασις, ἐξ ἧς

ὡρμήθησαν οἱ λόγοι, χορὸν αἰτεῖ τῷ πάθει καὶ
σκηνῆς δεῖται, τά τ' ἄλλα δράματος οὐδὲν ἐλλείπει·
μόνον εὐχώμεθα τῇ μητρὶ

B τῶν Μουσῶν ἵλεω παρεῖναι καὶ συνανασῴζειν τὸν
μῦθον.

2. Ὁ γὰρ πατήρ, ἐπεὶ πάλαι, πρὶν ἡμᾶς γενέσθαι, τὴν
μητέρα νεωστὶ κεκομισμένος ἐκ τῆς γενομένης τοῖς
γονεῦσιν αὐτῶν διαφορᾶς καὶ στάσεως ἀφίκετο τῷ
Ἔρωτι θύσων, ἐπὶ τὴν ἑορτὴν ἦγε τὴν μητέρα· καὶ γὰρ
ἦν ἐκείνης ἡ εὐχὴ καὶ ἡ θυσία. τῶν δὲ φίλων οἴκοθεν
μὲν αὐτῷ παρῆσαν οἱ συνήθεις, ἐν δὲ Θεσπιαῖς εὗρε
Δαφναῖον τὸν Ἀρχιδάμου [καὶ] Λυσάνδρας ἐρῶντα
τῆς Σίμωνος καὶ μάλιστα τῶν μνωμένων αὐτὴν
εὐημεροῦντα, καὶ Σώκλαρον ἐκ Τιθόρας ἥκοντα τὸν
Ἀριστίωνος· ἦν δὲ καὶ Πρωτογένης ὁ Ταρσεύς, καὶ
Ζεύξιππος ὁ Λακεδαιμόνιος, ξένοι·

C Βοιωτῶν δ' ὁ πατὴρ ἔφη τῶν γνωρίμων τοὺς
πλείστους παρεῖναι. δύο μὲν οὖν ἢ τρεῖς ἡμέρας κατὰ
πόλιν, ὡς ἔοικεν, ἡσυχῇ πως φιλοσοφοῦντες ἐν ταῖς
παλαίστραις καὶ διὰ τῶν θεάτρων ἀλλήλοις συνῆσαν·
ἔπειτα φεύγοντες ἀργαλέον ἀγῶνα κιθαρῳδῶν,
ἐντεύξεσι καὶ σπουδαῖς προειλημμένον, ἀνέζευξαν
οἱ πλείους ὥσπερ ἐκ πολεμίας εἰς τὸν Ἑλικῶνα
καὶ κατηυλίσαντο παρὰ ταῖς Μούσαις. ἕωθεν οὖν
ἀφίκετο πρὸς αὐτοὺς Ἀνθεμίων, καὶ Πεισίας ἄνδρες
ἔνδοξοι, Βάκχωνι δὲ τῷ καλῷ λεγομένῳ προσήκοντες
καὶ τρόπον τινὰ δι' εὔνοιαν ἀμφότεροι τὴν ἐκείνου

D διαφερόμενοι πρὸς ἀλλήλους. ἦν γὰρ ἐν Θεσπιαῖς
Ἰσμηνοδώρα γυνὴ πλούτῳ καὶ γένει λαμπρὰ καὶ νὴ Δία
τὸν ἄλλον εὔτακτος βίον· ἐχήρευσε γὰρ οὐκ ὀλίγον
χρόνον ἄνευ ψόγου, καίπερ οὖσα νέα καὶ ἱκανὴ
τὸ εἶδος. τῷ δὲ Βάκχωνι φίλης ὄντι καὶ συνήθους
γυναικὸς υἱῷ πράττουσα γάμον κόρης κατὰ γένος

προσηκούσης ἐκ τοῦ συμπαρεῖναι καὶ διαλέγεσθαι πολλάκις ἔπαθε πρὸς τὸ μειράκιον αὐτή· καὶ λόγους φιλανθρώπους ἀκούουσα καὶ λέγουσα περὶ αὐτοῦ καὶ πλῆθος ὁρῶσα γενναίων ἐραστῶν εἰς τὸ ἐρᾶν προήχθη καὶ διενοεῖτο μηθὲν ποιεῖν ἀγεννές,

Ε ἀλλὰ γημαμένη φανερῶς συγκαταζῆν τῷ Βάκχωνι. παραδόξου δὲ τοῦ πράγματος αὐτοῦ φανέντος, ἥ τε μήτηρ ὑφεωρᾶτο τὸ βάρος τοῦ οἴκου καὶ τὸν ὄγκον ὡς οὐ κατὰ τὸν ἐραστόν, τινὲς δὲ καὶ συγκυνηγοὶ τῷ μὴ καθ' ἡλικίαν τῆς Ἰσμηνοδώρας δεδιττόμενοι τὸν Βάκχωνα καὶ σκώπτοντες ἐργωδέστεροι τῶν ἀπὸ σπουδῆς ἐνισταμένων ἦσαν ἀνταγωνισταὶ πρὸς τὸν γάμον, ᾐδεῖτο γὰρ ἔφηβος ἔτι ὢν χήρᾳ συνοικεῖν. οὐ μὴν ἀλλὰ τοὺς ἄλλους ἐάσας παρεχώρησε τῷ Πεισίᾳ καὶ τῷ Ἀνθεμίωνι βουλεύσασθαι τὸ συμφέρον, ὧν ὁ μὲν ἀνεψιὸς ἦν αὐτοῦ πρεσβύτερος, ὁ δὲ

F Πεισίας αὐστηρότατος τῶν ἐραστῶν· διὸ καὶ πρὸς τὸν γάμον ἀντέπραττε καὶ καθήπτετο τοῦ Ἀνθεμίωνος ὡς προϊεμένου τῇ Ἰσμηνοδώρᾳ τὸ μειράκιον· ὁ δ' ἐκεῖνον οὐκ ὀρθῶς ἔλεγε ποιεῖν, ἀλλὰ τὰ ἄλλα χρηστὸν ὄντα μιμεῖσθαι τοὺς φαύλους ἐραστὰς οἴκου καὶ γάμου καὶ πραγμάτων μεγάλων ἀποστεροῦντα τὸν φίλον, ὅπως ἄθικτος αὐτῷ καὶ νεαρὸς |

750 ἀποδύοιτο πλεῖστον χρόνον ἐν ταῖς παλαίστραις.

3. ἵν' οὖν μὴ παροξύνοντες ἀλλήλους κατὰ μικρὸν εἰς ὀργὴν προαγάγοιεν, ὥσπερ διαιτητὰς ἑλόμενοι καὶ βραβευτὰς τὸν πατέρα καὶ τοὺς σὺν αὐτῷ παρεγένοντο· καὶ τῶν ἄλλων φίλων οἷον ἐκ παρασκευῆς τῷ μὲν ὁ Δαφναῖος παρῆν τῷ δ' ὁ Πρωτογένης. ἀλλ' οὗτος μὲν ἀνέδην ἔλεγε κακῶς τὴν Ἰσμηνοδώραν· ὁ δὲ Δαφναῖος 'ὦ Ἡράκλεις' ἔφη; τί οὐκ ἄν τις προσδοκήσειεν, εἰ καὶ Πρωτογένης Ἔρωτι πολεμήσων πάρεστιν ᾧ καὶ παιδιὰ πᾶσα καὶ σπουδὴ

περὶ Ἔρωτα καὶ δι' Ἔρωτος, 'λήθη δὲ λόγων λήθη δὲ πάτρας, (Fr. Tr. Gr. P. 632)'

B οὐχ ὡς τῷ Λαΐῳ πέντε μόνον ἡμερῶν ἀπέχοντι τῆς πατρίδος; βραδὺς γὰρ ὁ ἐκείνου καὶ χερσαῖος Ἔρως, ὁ δὲ σὸς ἐκ Κιλικίας Ἀθήναζε 'λαιψηρὰ κυκλώσας πτερὰ διαπόντιος πέτεται,' τοὺς καλοὺς ἐφορῶν καὶ συμπλανώμενος.' ἀμέλει γὰρ ἐξ ἀρχῆς ἐγεγόνει τοιαύτη τις αἰτία τῷ Πρωτογένει τῆς ἀποδημίας.

4. Γενομένου δὲ γέλωτος ὁ Πρωτογένης 'ἐγὼ δέ σοι δοκῶ' εἶπεν 'Ἔρωτι νῦν πολεμεῖν, οὐχ ὑπὲρ Ἔρωτος διαμάχεσθαι πρὸς ἀκολασίαν καὶ ὕβριν αἰσχίστοις πράγμασι καὶ πάθεσιν εἰς τὰ κάλλιστα καὶ σεμνότατα τῶν ὀνομάτων εἰσβιαζομένην;' καὶ ὁ Δαφναῖος 'αἴσχιστα δὲ

C καλεῖς' ἔφη 'γάμον καὶ σύνοδον ἀνδρὸς καὶ γυναικός, ἧς οὐ γέγονεν οὐδ' ἔστιν ἱερωτέρα κατάζευξις;' 'ἀλλὰ ταῦτα μέν' εἶπεν ὁ Πρωτογένης 'ἀναγκαῖα πρὸς γένεσιν ὄντα σεμνύνουσιν οὐ φαύλως οἱ νομοθέται καὶ κατευλογοῦσι πρὸς τοὺς πολλούς· ἀληθινοῦ δ' Ἔρωτος οὐδ' ὁτιοῦν τῇ γυναικωνίτιδι μέτεστιν, οὐδ' ἐρᾶν ὑμᾶς ἔγωγέ φημι τοὺς γυναιξὶ προσπεπονθότας ἢ παρθένοις, ὥσπερ οὐδὲ μυῖαι γάλακτος οὐδὲ μέλιτται κηρίων ἐρῶσιν οὐδὲ σιτευταὶ καὶ μάγειροι φίλα φρονοῦσι πιαίνοντες ὑπὸ σκότῳ μόσχους καὶ ὄρνιθας. ἀλλ' ὥσπερ ἐπὶ σιτίον ἄγει καὶ ὄψον ἡ φύσις μετρίως καὶ ἱκανῶς τὴν ὄρεξιν, ἡ δ' ὑπερβολὴ πάθος

D ἐνεργασαμένη λαιμαργία τις ἢ φιλοψία καλεῖται, οὕτως ἔνεστι τῇ φύσει τὸ δεῖσθαι τῆς ἀπ' ἀλλήλων ἡδονῆς γυναῖκας καὶ ἄνδρας, τὴν δ' ἐπὶ τοῦτο κινοῦσαν ὁρμὴν σφοδρότητι καὶ ῥώμῃ γενομένην πολλὴν καὶ δυσκάθεκτον οὐ προσηκόντως Ἔρωτα καλοῦσιν. Ἔρως γὰρ εὐφυοῦς καὶ νέας ψυχῆς ἁψάμενος εἰς ἀρετὴν διὰ φιλίας τελευτᾷ· ταῖς δὲ πρὸς γυναῖκας ἐπιθυμίαις ταύταις, ἂν ἄριστα πέσωσιν, ἡδονὴν περίεστι καρποῦσθαι καὶ ἀπόλαυσιν ὥρας καὶ σώματος, ὡς ἐμαρτύρησεν Ἀρίστιππος, τῷ κατηγοροῦντι Λαΐδος πρὸς αὐτὸν ὡς οὐ φιλούσης ἀποκρινάμενος, ὅτι

Ε καὶ τὸν οἶνον οἴεται καὶ τὸν ἰχθῦν μὴ φιλεῖν αὐτόν, ἀλλ' ἡδέως ἑκατέρῳ χρῆται. τέλος γὰρ ἐπιθυμίας ἡδονὴ καὶ ἀπόλαυσις· Ἔρως δὲ προσδοκίαν φιλίας ἀποβαλὼν οὐκ ἐθέλει παραμένειν οὐδὲ θεραπεύειν ἐφ' ὥρᾳ τὸ λυποῦν καὶ ἀκμάζον, εἰ καρπὸν ἤθους οἰκεῖον εἰς φιλίαν καὶ ἀρετὴν οὐκ ἀποδίδωσιν. ἀκούεις δέ τινος τραγικοῦ γαμέτου λέγοντος πρὸς τὴν γυναῖκα (Trag. adesp. 401)

'μισεῖς; ἐγὼ δὲ ῥᾳδίως μισήσομαι,
πρὸς κέρδος ἕλκων τὴν ἐμὴν ἀτιμίαν.'

τούτου γὰρ οὐδέν ἐστιν ἐρωτικώτερος ὁ μὴ διὰ κέρδος ἀλλ' ἀφροδισίων ἕνεκα καὶ συνουσίας ὑπομένων γυναῖκα

F μοχθηρὰν καὶ ἄστοργον· ὥσπερ Στρατοκλεῖ τῷ ῥήτορι Φιλιππίδης ὁ κωμικός (fr. 31) ἐπεγγελῶν ἐποίησεν

'ἀποστρεφομένης τὴν κορυφὴν φιλεῖς μόλις.'

"Εἰ δ' οὖν καὶ τοῦτο τὸ πάθος δεῖ καλεῖν Ἔρωτα, θῆλυν καὶ νόθον ὥσπερ εἰς Κυνόσαργες συντελοῦντα τὴν γυναικωνῖτιν· μᾶλλον δ' ὥσπερ ἀετόν τινα λέγουσι γνήσιον

751 καὶ ὀρεινόν, ὃν Ὅμηρος (Φ 252. Ω 315 s.) | 'μέλανα' καὶ 'θηρευτὴν' προσεῖπεν, ἄλλα δὲ γένη νόθων ἐστὶν ἰχθῦς περὶ ἕλη καὶ ὄρνιθας ἀργοὺς λαμβανόντων, ἀπορούμενοι δὲ πολλάκις ἀναφθέγγονταί τι λιμῶδες

καὶ ὀδυρτικόν, οὕτως εἷς Ἔρως [ὁ] γνήσιος ὁ παιδικός ἐστιν, οὐ 'πόθῳ στίλβων', ὡς ἔφη τὸν παρθένιον Ἀνακρέων (fr. 13 a), οὐδὲ 'μύρων ἀνάπλεως καὶ γεγανωμένος', ἀλλὰ λιτὸν αὐτὸν ὄψει καὶ ἄθρυπτον ἐν σχολαῖς φιλοσόφοις ἤ που περὶ γυμνάσια καὶ παλαίστρας περὶ θήραν νέων ὀξὺ μάλα καὶ γενναῖον ἐγκελευόμενον πρὸς ἀρετὴν τοῖς ἀξίοις ἐπιμελείας. τὸν δ' ὑγρὸν τοῦτον καὶ οἰκουρὸν ἐν κόλποις διατρίβοντα καὶ κλινιδίοις γυναικῶν ἀεὶ διώκοντα τὰ μαλ-

B θακὰ καὶ θρυπτόμενον ἡδοναῖς ἀνάνδροις καὶ ἀφίλοις καὶ ἀνενθουσιάστοις καταβάλλειν ἄξιον, ὡς καὶ Σόλων κατέβαλε· δούλοις μὲν γὰρ ἐρᾶν ἀρρένων παίδων ἀπεῖπε καὶ ξηραλοιφεῖν, χρῆσθαι δὲ συνουσίαις γυναικῶν οὐκ ἐκώλυσε· καλὸν γὰρ ἡ φιλία καὶ ἀστεῖον, ἡ δ' ἡδονὴ κοινὸν καὶ ἀνελεύθερον. ὅθεν οὐδὲ δούλων ἐρᾶν παίδων ἐλευθέριόν ἐστιν οὐδ' ἀστεῖον· συνουσίας γὰρ οὗτος ὁ ἔρως, καθάπερ <ὁ> τῶν γυναικῶν.'

5. Ἔτι δὲ πλείονα λέγειν προθυμουμένου τοῦ Πρωτογένους, ἀντικρούσας ὁ Δαφναῖος 'εὖ γε νὴ Δί'' ἔφη 'τοῦ Σόλωνος ἐμνήσθης καὶ χρηστέον αὐτῷ γνώμονι τοῦ ἐρωτικοῦ ἀνδρός,

C   'ἔσθ' ἥβης ἐρατοῖσιν ἐπ' ἄνθεσι παιδοφιλήσῃ
        μηρῶν <ἱμείρων> καὶ γλυκεροῦ στόματος'
                                    (fr. 25 I p. 29 D.)

πρόσλαβε δὲ τῷ Σόλωνι καὶ τὸν Αἰσχύλον λέγοντα (fr. 135)

    'σέβας δὲ μηρῶν οὐ ἐπῃδέσω,
    ὦ δυσχάριστε τῶν πυκνῶν φιλημάτων.'

ἕτεροι μὲν γὰρ καταγελῶσιν αὐτῶν, εἰ καθάπερ θύτας καὶ μάντεις εἰς τὰ μηρία καὶ τὴν ὀσφὺν ἀποβλέπειν τοὺς ἐραστὰς κελεύουσιν· ἐγὼ δὲ παμμέγεθες τοῦτο ποιοῦμαι σημεῖον ὑπὲρ τῶν γυναικῶν· εἰ γὰρ ἡ παρὰ φύσιν ὁμιλία πρὸς ἄρρενας οὐκ ἀναιρεῖ τὴν ἐρωτικὴν εὔνοιαν οὐδὲ βλάπτει, πολὺ μᾶλλον εἰκός ἐστι τὸν γυναικῶν ἢ ἀνδρῶν ἔρωτα
D τῇ φύσει χρώμενον εἰς φιλίαν διὰ χάριτος ἐξικνεῖσθαι. χάρις γὰρ οὖν, ὦ Πρωτόγενες, ἡ τοῦ θήλεος ὕπειξις τῷ ἄρρενι κέκληται πρὸς τῶν παλαιῶν· ὡς καὶ Πίνδαρος ἔφη τὸν Ἥφαιστον 'ἄνευ χαρίτων' ἐκ τῆς Ἥρας γενέσθαι· καὶ τὴν οὔπω γάμων ἔχουσαν ὥραν ἡ Σαπφὼ (fr. 34 I p. 347 D.) προσαγορεύουσά φησιν, ὅτι

'σμίκρα μοι πάις ἔμμεν ἐφαίνεο κἄχαρις'.

ὁ δ' Ἡρακλῆς ὑπό τινος ἐρωτᾶται (Trag. adesp, 402)

'βίᾳ δ' ἔπραξας χάριτας ἢ πείσας κόρην;'

ἡ δ' ἀπὸ τῶν ἀρρένων ἀκόντων <μὲν> μετὰ βίας γινομένη καὶ λεηλασίας, ἂν δ' ἑκουσίως, σὺν μαλακίᾳ καὶ θηλύτητι, 'βαίνεσθαι' κατὰ Πλάτωνα (Phaedr. 250 e) 'νόμῳ τε-
E τράποδος καὶ παιδοσπορεῖσθαι' παρὰ φύσιν ἐνδιδόντων, ἄχαρις <χάρις> παντάπασι καὶ ἀσχήμων καὶ ἀναφρόδιτος. ὅθεν, οἶμαι, καὶ Σόλων ἐκεῖνα μὲν ἔγραψε νέος ὢν ἔτι καὶ 'σπέρματος πολλοῦ μεστός', ὡς ὁ Πλάτων (Leg. VIII 839 b) φησί· ταυτὶ δὲ πρεσβύτης γενόμενος (fr. 26. I p. 32 D.)·

'ἔργα δὲ Κυπρογενοῦς νῦν μοι φίλα καὶ Διονύσου
  καὶ Μουσέων, ἃ τίθησ' ἀνδράσιν εὐφροσύνας',

ὥσπερ ἐκ ζάλης καὶ χειμῶνος [καὶ] τῶν παιδικῶν
ἐρώτων ἔν τινι γαλήνῃ τῇ περὶ γάμον καὶ φιλοσοφίαν
θέμενος τὸν βίον. Εἰ μὲν οὖν τὸ ἀληθὲς σκοποῦμεν,
ὦ Πρωτόγενες, ἓν καὶ ταὐτόν ἐστι πρὸς παῖδας καὶ
γυναῖκας πάθος
F τὸ τῶν Ἐρώτων· εἰ δὲ βούλοιο φιλονεικῶν διαιρεῖν,
οὐ μέτρι' ἂν δόξειε ποιεῖν ὁ παιδικὸς οὗτος, ἀλλ'
ὥσπερ ὀψὲ γεγονὼς καὶ παρ' ὥραν τῷ βίῳ νόθος
καὶ σκότιος ἐξελαύνειν τὸν γνήσιον Ἔρωτα καὶ
πρεσβύτερον. ἐχθὲς γάρ, ὦ ἑταῖρε, καὶ πρῴην μετὰ
τὰς ἀποδύσεις καὶ ἀπογυμνώσεις τῶν νέων παραδὺς
εἰς τὰ γυμνάσια καὶ προσανατριβόμενος ἡσυχῇ
καὶ προσαγκαλιζόμενος, εἶτα κατὰ μικρὸν ἐν ταῖς
παλαίστραις πτεροφυήσας οὐκέτι καθεκτός ἐστιν, |

752 ἀλλὰ λοιδορεῖ καὶ προπηλακίζει τὸν γαμήλιον
ἐκεῖνον καὶ συνεργὸν ἀθανασίας τῷ θνητῷ γένει,
σβεννυμένην ἡμῶν τὴν φύσιν αὖθις ἐξανάπτοντα
διὰ τῶν γενέσεων. οὗτος δ' ἀρνεῖται τὴν ἡδονήν·
αἰσχύνεται γὰρ καὶ φοβεῖται· δεῖ δέ τινος εὐπρεπείας
ἁπτομένῳ καλῶν καὶ ὡραίων· πρόφασις οὖν φιλία
καὶ ἀρετή. κονίεται δὴ καὶ ψυχρολουτεῖ καὶ τὰς ὀφρῦς
αἴρει καὶ φιλοσοφεῖν φησι καὶ σωφρονεῖν ἔξω διὰ τὸν
νόμον· εἶτα νύκτωρ καὶ καθ' ἡσυχίαν

'γλυκεῖ' ὀπώρα φύλακος ἐκλελοιπότος'(Trag. ad. 403).

Εἰ δ', ὥς φησι Πρωτογένης, οὐκ ἔστιν ἀφροδισίων
παιδικῶν κοινωνία, πῶς Ἔρως ἔστιν Ἀφροδίτης μὴ
παρούσης,
B ἣν εἴληχε θεραπεύειν ἐκ θεῶν καὶ περιέπειν, τιμῆς
τε μετέχειν καὶ δυνάμεως ὅσον ἐκείνη δίδωσιν; εἰ δ'
ἔστι τις Ἔρως χωρὶς Ἀφροδίτης, ὥσπερ μέθη χωρὶς
οἴνου πρὸς σύκινον πόμα καὶ κρίθινον, ἄκαρπον
αὐτοῦ καὶ ἀτελὲς τὸ ταρακτικόν ἐστι καὶ πλήσμιον καὶ
ἀψίκορον.'

6. Λεγομένων τούτων ὁ Πεισίας ἦν δῆλος ἀγανακτῶν καὶ παροξυνόμενος ἐπὶ τὸν Δαφναῖον· μικρὸν δ' αὐτοῦ καταλιπόντος, 'ὦ Ἡράκλεις' ἔφη 'τῆς εὐχερείας καὶ θρασύτητος, ἀνθρώπους ὁμολογοῦντας ὥσπερ οἱ κύνες ἐκ <τῶν> μορίων συνηρτῆσθαι πρὸς τὸ θῆλυ μεθιστάναι καὶ μετοι-
C κίζειν τὸν θεὸν ἐκ γυμνασίων καὶ περιπάτων καὶ τῆς ἐν ἡλίῳ καθαρᾶς καὶ ἀναπεπταμένης διατριβῆς εἰς ματρυλεῖα καὶ κοπίδας καὶ φάρμακα καὶ μαγεύματα καθειργνύμενον ἀκολάστων γυναικῶν· ἐπεὶ ταῖς γε σώφροσιν οὔτ' ἐρᾶν οὔτ' ἐρᾶσθαι δήπου προσῆκόν ἐστιν.' ἐνταῦθα μέντοι καὶ ὁ πατήρ ἔφη τοῦ Πρωτογένους ἐπιλαβέσθαι καὶ εἰπεῖν,

'τόδ' ἐξοπλίζει τοὔπος Ἀργεῖον λεών' (Trag. ad. 404),

καὶ νὴ Δία Δαφναίῳ συνδίκους ἡμᾶς προστίθησιν οὐ μετριάζων ὁ Πεισίας, ἀλλὰ τοῖς γάμοις ἀνέραστον ἐπάγων καὶ ἄμοιρον ἐνθέου φιλίας κοινωνίαν, ἣν τῆς ἐρωτικῆς πειθοῦς καὶ χάριτος ἀπολιπούσης μονονοὺ ζυγοῖς καὶ
D χαλινοῖς ὑπ' αἰσχύνης καὶ φόβου μάλα μόλις συνεχομένην ὁρῶμεν.' καὶ ὁ Πεισίας 'ἐμοὶ μέν' εἶπεν 'ὀλίγον μέλει τοῦ λόγου· Δαφναῖον δ' ὁρῶ ταὐτὸν πάσχοντα τῷ χαλκῷ· καὶ γὰρ ἐκεῖνος οὐχ οὕτως ὑπὸ τοῦ πυρός, ὡς ὑπὸ τοῦ πεπυρωμένου χαλκοῦ καὶ ῥέοντος, ἂν ἐπιχέῃ τις, ἀνατήκεται καὶ ῥεῖ συνεξυγραινόμενος· καὶ τοῦτον οὐκ ἐνοχλεῖ τὸ Λυσάνδρας κάλλος, ἀλλὰ συνδιακεκαυμένῳ καὶ γέμοντι πυρὸς ἤδη πολὺν χρόνον [ὁ] πλησιάζων καὶ ἁπτόμενος ἀναπίμπλαται· καὶ δῆλός ἐστιν, εἰ μὴ ταχὺ φύγοι πρὸς ἡμᾶς, συντακησόμενος. ἀλλ' ὁρῶ' εἶπε 'γινόμενον ὅπερ ἂν μάλιστα σπουδάσειεν Ἀνθεμίων, προσκρούοντα
E τοῖς δικασταῖς καὶ ἐμαυτόν, ὥστε παύομαι.' καὶ ὁ Ἀνθεμίων 'ὤνησας' εἶπεν, 'ὡς ἔδει γ' ἀπ᾽ ἀρχῆς λέγειν τι πρὸς τὴν ὑπόθεσιν.'

7. 'Λέγω τοίνυν' ὁ Πεισίας ἔφη, 'προκηρύξας ἐμοῦ γ' ἕνεκα πάσαις γυναιξὶν ἂν ἐραστήν, ὅτι τῆς γυναικὸς ὁ πλοῦτός ἐστι φυλακτέος τῷ νεανίσκῳ, μὴ συμμίξαντες αὐτὸν ὄγκῳ καὶ βάρει τοσούτῳ λάθοιμεν ὥσπερ ἐν χαλκῷ κασσίτερον ἀφανίσαντες. μέγα γάρ, ἂν ἐλαφρᾷ καὶ λιτῇ γυναικὶ μειρακίου συνελθόντος εἰς ταὐτὸν ἡ κρᾶσις οἴνου δίκην ἐπικρατήσῃ· ταύτην δ' ὁρῶμεν ἄρχειν καὶ κρατεῖν δοκοῦσαν· οὐ γὰρ ἂν ἀπορρίψασα δόξας καὶ γένη τηλικαῦτα

F καὶ πλούτους ἐμνᾶτο μειράκιον ἐκ χλαμύδος, ἔτι παιδαγωγεῖσθαι δεόμενον. ὅθεν οἱ νοῦν ἔχοντες αὐτοὶ προΐενται καὶ περικόπτουσιν ὥσπερ ὠκύπτερα τῶν γυναικῶν τὰ περιττὰ χρήματα, τρυφὰς ἐμποιοῦντα καὶ χαυνότητας ἀβεβαίους καὶ κενάς, ὑφ' ὧν ἐπαιρόμεναι πολλάκις ἀπο-

753 πέτονται· κἂν μένωσι, χρυσαῖς | ὥσπερ ἐν Αἰθιοπίᾳ πέδαις δεδέσθαι βέλτιον ἢ πλούτῳ γυναικός.'
8. 'Ἐκεῖνο δ' οὐ λέγεις' <ὁ> Πρωτογένης εἶπεν, 'ὅτι κινδυνεύομεν ἀναστρέφειν ἀτόπως καὶ γελοίως τὸν Ἡσίοδον, ἄν, ἐκείνου λέγοντος (Ο D 696)

'μήτε τριηκόντων ἐτέων μάλα πόλλ' ἀπολείπων
μήτ' ἐπιθεὶς μάλα πολλά· γάμος δέ τοι ὥριος οὗτος·
ἡ δὲ γυνὴ τέτορ' ἡβώοι, πέμπτῳ δὲ γαμοῖτο',

σχεδὸν ἡμεῖς ἔτεσι τοσούτοις γυναικὶ πρεσβυτέρᾳ καθάπερ οἱ φοίνικας ἢ συκᾶς . . . . καὶ ἄωρον ἄνδρα περιάψωμεν. Ἔραται γὰρ αὐτοῦ νὴ Δία καὶ κάεται·' τίς οὖν ὁ κωλύων ἐστὶ κωμάζειν ἐπὶ θύρας, ᾄδειν τὸ παρα-
Β κλαυσίθυρον, ἀναδεῖν τὰ εἰκόνια, παγκρατιάζειν πρὸς τοὺς ἀντεραστάς; ταῦτα γὰρ ἐρωτικά· καὶ καθείσθω τὰς ὀφρῦς καὶ παυσάσθω τρυφῶσα,

[καὶ] σχῆμα λαβοῦσα τῶν τοῦ πάθους οἰκείων. εἰ δ' αἰσχύνεται καὶ σωφρονεῖ, κοσμίως οἴκοι καθήσθω περιμένουσα τοὺς μνωμένους καὶ σπουδάζοντας. ἐρᾶν δὲ φάσκουσαν γυναῖκα φυγεῖν τις ἂν ἔχοι καὶ βδελυχθείη, μήτι γε λάβοι γάμου ποιησάμενος ἀρχὴν τὴν τοιαύτην ἀκρασίαν.'

9. Παυσαμένου δὲ τοῦ Πρωτογένους, 'ὁρᾷς' εἶπεν ὁ πατήρ, 'ὦ Ἀνθεμίων, ὅτι πάλιν κοινὴν ποιοῦσι τὴν ὑπόθεσιν καὶ τὸν λόγον ἀναγκαῖον ἡμῖν τοῖς οὐκ ἀρνουμένοις
C οὐδὲ φεύγουσι τοῦ περὶ γάμον Ἔρωτος εἶναι χορευταῖς;' [καὶ] 'ναὶ μὰ Δί'' εἶπεν ὁ Ἀνθεμίων· 'ἄμυνει οὖν διὰ πλειόνων νῦν αὐτοὺς τῷ ἐρᾶν· εἰ δὲ τῷ πλούτῳ βοηθήσων, ᾧ μάλιστα δεδίττεται Πεισίας ἡμᾶς.' 'τί δ'' εἶπεν ὁ πατήρ 'οὐκ ἂν ἔγκλημα γένοιτο γυναικός, εἰ δι' ἔρωτα καὶ πλοῦτον ἀπορρίψομεν Ἰσμηνοδώραν; 'βαρεῖα γὰρ καὶ πλουσία·' τί δ' εἰ καλὴ καὶ νέα; τί δ' εἰ γένει σοβαρὰ καὶ ἔνδοξος; αἱ δὲ σώφρονες οὐ τὸ αὐστηρὸν καὶ κατεγρυπωμένον ἐπαχθὲς . . . . καὶ δυσκαρτέρητον ἔχουσι, καὶ ποινὰς καλοῦσιν αὐτὰς καὶ ἀεὶ τοῖς ἀνδράσιν ὀργιζομένας, ὅτι σω-

753D φρονοῦσιν; ἆρ' οὖν κράτιστον ἐξ ἀγορᾶς γαμεῖν Ἁβρότονόν τινα Θρῇσσαν ἢ Βακχίδα Μιλησίαν <ἀνέ>γγυον ἐπαγομένην δι' ὠνῆς καὶ καταχυσμάτων; ἀλλὰ καὶ ταύταις ἴσμεν οὐκ ὀλίγους αἴσχιστα δουλεύσαντας. αὐλητρίδες δὲ Σάμιαι καὶ ὀρχηστρίδες, Ἀριστονίκα καὶ τύμπανον ἔχουσ' Οἰνάνθη καὶ Ἀγαθόκλεια διαδήμασι βασιλέων ἐπέβησαν. ἡ δὲ Σύρα Σεμίραμις οἰκότριβος μὲν ἦν βασιλικοῦ θεράπαινα παλλακευομένη· Νίνου δὲ τοῦ μεγάλου βασιλέως ἐντυχόντος αὐτῇ καὶ στέρξαντος οὕτως ἐκράτησε καὶ κατεφρόνησεν ὥστ' ἀξιῶσαι καὶ μίαν ἡμέραν αὐτὴν περιιδεῖν ἐν τῷ θρόνῳ καθεζομένην ἔχουσαν τὸ διάδημα καὶ

Ε χρηματίζουσαν. δόντος δ' ἐκείνου καὶ κελεύσαντος πάντας ὑπηρετεῖν ὥσπερ αὐτῷ καὶ πείθεσθαι, μετρίως ἐχρῆτο τοῖς πρώτοις ἐπιτάγμασι, πειρωμένη τῶν δορυφόρων· ἐπεὶ δ' ἑώρα μηδὲν ἀντιλέγοντας μηδ' ὀκνοῦντας, ἐκέλευσε συλλαβεῖν τὸν Νίνον εἶτα δῆσαι, τέλος δ' ἀποκτεῖναι· πραχθέντων δὲ πάντων, ἐβασίλευσε τῆς Ἀσίας ἐπιφανῶς πολὺν χρόνον. ἡ δὲ Βελεστίχη, πρὸς Διός, οὐ βάρβαρον ἐξ ἀγορᾶς γύναιον, ἧς ἱερὰ καὶ ναοὺς Ἀλεξανδρεῖς ἔχουσιν, ἐπιγράψαντος δι' ἔρωτα τοῦ βασιλέως 'Ἀφροδίτης Βελεστίχης'; ἡ δὲ σύνναος μὲν ἐνταυθοῖ καὶ συνίερος τοῦ
F Ἔρωτος, ἐν <δὲ> Δελφοῖς κατάχρυσος <δ'> ἑστῶσα μετὰ τῶν βασιλέων καὶ βασιλειῶν, ποίᾳ προικὶ τῶν ἐραστῶν ἐκράτησεν; ἀλλ' ὥσπερ ἐκεῖνοι δι' ἀσθένειαν ἑαυτῶν καὶ μαλακίαν ἔλαθον <ἑαυτοὺς> γενόμενοι λεία γυναικῶν, οὕτω πάλιν ἄδοξοι καὶ πένητες ἕτεροι πλουσίαις γυναιξὶ

754A καὶ λαμπραῖς συνελθόντες | οὐ διεφθάρησαν οὐδ' ὑφῆκάν τι τοῦ φρονήματος, ἀλλὰ τιμώμενοι καὶ κρατοῦντες μετ' εὐνοίας συγκατεβίωσαν. ὁ δὲ συστέλλων τὴν γυναῖκα καὶ συνάγων εἰς μικρόν, ὥσπερ δακτύλιον ἰσχνὸς ὢν μὴ περιρρυῇ δεδιώς, ὅμοιός ἐστι τοῖς ἀποκείρουσι τὰς ἵππους εἶτα πρὸς ποταμὸν ἢ λίμνην ἄγουσι· καθορῶσαν γὰρ ἑκάστην τὴν εἰκόνα τῆς ὄψεως ἀκαλλῆ καὶ ἄμορφον ἀφιέναι τὰ φρυάγματα λέγεται καὶ προσδέχεσθαι τὰς τῶν ὄνων ἐπιβάσεις. πλοῦτον δὲ γυναικὸς αἱρεῖσθαι μὲν πρὸ ἀρετῆς ἢ γένους ἀφιλότιμον καὶ ἀνελεύθερον, ἀρετῇ δὲ καὶ γένει
Β προσόντα φεύγειν ἀβέλτερον. ὁ μὲν γὰρ Ἀντίγονος ὀχυρωμένῳ τὴν Μουνιχίαν τῷ φρουροῦντι γράφων ἐκέλευε ποιεῖν μὴ μόνον τὸν κλοιὸν ἰσχυρὸν ἀλλὰ καὶ τὸν κύνα λεπτόν, ὅπως ὑφαιρῇ τὰς εὐπορίας τῶν Ἀθηναίων· ἀνδρὶ δὲ πλουσίας ἢ καλῆς οὐ

προσήκει, μηδὲ τὴν γυναῖκα ποιεῖν ἄμορφον ἢ πενιχράν, ἀλλ' ἑαυτὸν ἐγκρατείᾳ καὶ φρονήσει καὶ τῷ μηθὲν ἐκπεπλῆχθαι τῶν περὶ ἐκείνην ἴσον παρέχειν καὶ ἀδούλωτον, ὥσπερ ἐπὶ ζυγοῦ ῥοπὴν τῷ ἤθει προστιθέντα καὶ βάρος, ὑφ' οὗ κρατεῖται καὶ ἄγεται <δι>καίως ἅμα καὶ συμφερόντως. Καὶ μὴν ἡλικία γε πρὸς γάμον καὶ ὥρα τὸ τίκτειν ἔχουσα καὶ τὸ γεννᾶν C εὐάρμοστός ἐστιν· ἀκμάζειν δὲ τὴν γυναῖκα πυνθάνομαι·' καὶ ἅμα τῷ Πεισίᾳ προσμειδιάσας 'οὐδενὸς γάρ' ἔφη 'τῶν ἀντεραστῶν πρεσβυτέρα, οὐδ' ἔχει πολιὰς ὥσπερ ἔνιοι τῶν Βάκχωνι προσαναχρωννυμένων. εἰ δ' οὗτοι καθ' ὥραν ὁμιλοῦσι, τί κωλύει κἀκείνην ἐπιμεληθῆναι τοῦ νεανίσκου βέλτιον ἡστινοσοῦν νέας; δύσμικτα γὰρ τὰ νέα καὶ δυσκέραστα καὶ μόλις ἐν χρόνῳ πολλῷ τὸ φρύαγμα καὶ τὴν ὕβριν ἀφίησιν, ἐν ἀρχῇ δὲ κυμαίνει καὶ ζυγομαχεῖ καὶ μᾶλλον ἂν Ἔρως ἐγγένηται [καὶ] καθάπερ πνεῦμα κυβερνήτου μὴ παρόντος ἐτάραξε καὶ συνέχεε τὸν γάμον οὔτ'
D ἄρχειν δυναμένων οὔτ' ἄρχεσθαι βουλομένων. εἰ δ' ἄρχει βρέφους μὲν ἡ τίτθη καὶ παιδὸς ὁ διδάσκαλος ἐφήβου δὲ γυμνασίαρχος ἐραστὴς δὲ μειρακίου, γενομένου δ' ἐν ἡλικίᾳ νόμος καὶ στρατηγός, οὐδεὶς δ' ἄναρκτος οὐδ' αὐτοτελής, τί δεινὸν εἰ γυνὴ νοῦν ἔχουσα πρεσβυτέρα κυβερνήσει νέου βίον ἀνδρός, ὠφέλιμος μὲν οὖσα τῷ φρονεῖν μᾶλλον ἡδεῖα δὲ τῷ φιλεῖν καὶ προσηνής; τὸ δ' ὅλον' ἔφη 'καὶ τὸν Ἡρακλέα Βοιωτοὺς ὄντας ἔδει σέβεσθαι καὶ μὴ δυσχεραίνειν τῷ παρ' ἡλικίαν τοῦ γάμου, γιγνώσκοντας ὅτι κἀκεῖνος τὴν ἑαυτοῦ γυναῖκα Μεγάραν Ἰολάῳ συνῴκι-
E σεν ἑκκαιδεκαέτει τότ' ὄντι τρία καὶ τριάκοντ' ἔτη γεγενημένην.'

10. Τοιούτων λόγων ὁ πατὴρ ἔφη παρόντων αὐτοῖς ἐλθεῖν τῷ Πεισίᾳ ἑταῖρον ἐκ πόλεως ἵππῳ θέοντα, πρᾶγμα θαυμαστὸν ἀπαγγέλλοντα τετολμημένον. ἡ γὰρ Ἰσμηνοδώρα, ὡς ἔοικεν, αὐτὸν

μὲν οὐκ ἀηδῶς ἔχειν οἰομένη τὸν Βάκχωνα πρὸς τὸν γάμον, αἰσχύνεσθαι δὲ τοὺς ἀποτρέποντας, ἔγνω μὴ προέσθαι τὸ μειράκιον. τῶν οὖν φίλων τοὺς μάλιστα τοῖς βίοις νεαροὺς καὶ συνερῶντας αὐτῇ καὶ τῶν γυναικῶν τὰς συνήθεις μεταπεμψαμένη καὶ συγκροτήσασα παρεφύλαττε τὴν ὥραν, ἣν ὁ Βάκχων ἔθος εἶχεν

F ἀπιὼν ἐκ παλαίστρας παρὰ τὴν οἰκίαν αὐτῆς παρεξιέναι κοσμίως. ὡς οὖν τότε προσῄει μετὰ δυοῖν ἢ τριῶν ἑταίρων ἀληλιμμένος, αὐτὴ μὲν ἐπὶ τὰς θύρας ἀπήντησεν ἡ Ἰσμηνοδώρα καὶ τῆς χλαμύδος ἔθιγε μόνον, οἱ δὲ φίλοι καλὸν καλῶς ἐν τῇ χλαμύδι καὶ τῇ διβολίᾳ συναρπάσαντες εἰς τὴν οἰκίαν παρήνεγκαν ἀθρόοι καὶ τὰς θύρας εὐθὺς ἀπέκλει-

755 σαν· | ἅμα δ' αἱ μὲν γυναῖκες ἔνδον αὐτοῦ τὸ χλαμύδιον ἀφαρπάσασαι περιέβαλον ἱμάτιον νυμφικόν· οἰκέται δὲ περὶ κύκλῳ δραμόντες ἀνέστεφον ἐλαίᾳ καὶ δάφνῃ τὰς θύρας οὐ μόνον τὰς τῆς Ἰσμηνοδώρας ἀλλὰ καὶ τὰς τοῦ Βάκχωνος· ἡ δ' αὐλητρὶς αὐλοῦσα διεξῆλθε τὸν στενωπόν. τῶν δὲ Θεσπιέων καὶ τῶν ξένων οἱ μὲν ἐγέλων, οἱ δ' ἠγανάκτουν καὶ τοὺς γυμνασιάρχους παρώξυνον· ἄρχουσι γὰρ ἰσχυρῶς τῶν ἐφήβων καὶ προσέχουσι τὸν νοῦν σφόδρα τοῖς ὑπ' αὐτῶν πραττομένοις. ἦν δὲ λόγος οὐθεὶς τῶν ἀγωνιζομένων, ἀλλ' ἀφέντες τὸ θέατρον ἐπὶ τῶν

Β θυρῶν τῆς Ἰσμηνοδώρας ἐν λόγοις ἦσαν καὶ φιλονεικίαις πρὸς ἀλλήλους.

11. Ὡς οὖν ὁ τοῦ Πεισίου φίλος ὥσπερ ἐν πολέμῳ προσελάσας τὸν ἵππον αὐτὸ τοῦτο τεταραγμένος εἶπεν, ὅτι Βάκχων' ἥρπακεν Ἰσμηνοδώρα, τὸν μὲν Ζεύξιππον ὁ πατὴρ ἔφη γελάσαι καὶ εἰπεῖν, ἅτε δὴ καὶ φιλευριπίδην ὄντα (Eur. fr. 986)

'πλούτῳ χλιδῶσα θνητὰ δ', ὦ γύναι, φρονεῖς·'

τὸν δὲ Πεισίαν ἀναπηδήσαντα βοᾶν 'ὢ θεοί, τί πέρας ἔσται τῆς ἀνατρεπούσης τὴν πόλιν ἡμῶν ἐλευθερίας; ἤδη γὰρ εἰς ἀνομίαν τὰ πράγματα διὰ τῆς αὐτονομίας βαδίζει. καίτοι γελοῖον ἴσως ἀγανακτεῖν περὶ νόμων καὶ δικαίων,

C ἡ γὰρ φύσις παρανομεῖται γυναικοκρατουμένη. τί τοιοῦτον ἡ Λῆμνος; ἴωμεν ἡμεῖς, ἴωμεν' εἶπεν, 'ὅπως καὶ τὸ γυμνάσιον ταῖς γυναιξὶ παραδῶμεν καὶ τὸ βουλευτήριον, εἰ παντάπασιν ἡ πόλις ἐκνενεύρισται.' προάγοντος οὖν τοῦ Πεισίου, ὁ μὲν Πρωτογένης οὐκ ἀπελείπετο τὰ μὲν συναγανακτῶν τὰ δὲ πραΰνων ἐκεῖνον· ὁ δ' Ἀνθεμίων 'νεανικὸν μέν' ἔφη 'τὸ τόλμημα καὶ Λήμνιον ὡς ἀληθῶς, αὐτοὶ γάρ ἐσμεν, σφόδρ' ἐρώσης γυναικός.' καὶ ὁ Σώκλαρος ὑπομειδιῶν 'οἴει γὰρ ἁρπαγήν' ἔφη 'γεγονέναι καὶ βιασμόν, οὐκ ἀπολόγημα καὶ στρατήγημα τοῦ νεανίσκου

D νοῦν ἔχοντος, ὅτι τὰς τῶν ἐραστῶν ἀγκάλας διαφυγὼν ἐξηυτομόληκεν εἰς χεῖρας καλῆς καὶ πλουσίας γυναικός;' 'μὴ λέγε ταῦτ',' εἶπεν 'ὢ Σώκλαρε, μηδ' ὑπονόει ἐπὶ Βάκχωνος,' ὁ Ἀνθεμίων· 'καὶ γὰρ εἰ μὴ φύσει τὸν τρόπον ἁπλοῦς ἦν καὶ ἀφελής, ἐμὲ γ' <οὐκ ἂν> ἀπεκρύψατο, τῶν τ' ἄλλων μεταδιδοὺς ἁπάντων ἕν τε τούτοις ὁρῶν προθυμότατον ὄντα τῆς Ἰσμηνοδώρας βοηθόν. Ἔρωτι δὲ 'μάχεσθαι χαλεπόν' οὐ 'θυμῷ' καθ' Ἡράκλειτον (fr. 85)· 'ὅ τι γὰρ ἂν θελήσῃ, καὶ ψυχῆς ὠνεῖται' καὶ χρημάτων καὶ δόξης. ἐπεὶ τί κοσμιώτερον Ἰσμηνοδώρας ἐν τῇ πόλει; πότε δ' εἰσῆλθεν ἢ λόγος αἰσχρὸς ἢ πράξεως

E ὑπόνοια φαύλης ἔθιγε τῆς οἰκίας; ἀλλ' ἔοικε θεία τις ὄντως εἰληφέναι τὴν ἄνθρωπον ἐπίπνοια καὶ κρείττων ἀνθρωπίνου λογισμοῦ.'

12. Καὶ ὁ Πεμπτίδης ἐπιγελάσας 'ἀμέλει καὶ σώματός τις' ἔφη 'νόσος ἔστιν, ἣν ἱερὰν καλοῦσιν· οὐδὲν οὖν ἄτοπον, εἰ καὶ ψυχῆς τὸ μανικώτατον πάθος καὶ

μέγιστον ἱερὸν καὶ θεῖον ἔνιοι προσαγορεύουσιν. εἶθ' ὥσπερ ἐν Αἰγύπτῳ ποτὲ γείτονας ἑώρων δύο διαμφισβητοῦντας, ὄφεως προερπύσαντος εἰς τὴν ὁδόν, ἀμφοτέρων μὲν ἀγαθὸν δαίμονα καλούντων ἑκατέρου δ' ἔχειν ἀξιοῦντος ὡς ἴδιον· οὕτως ὁρῶν ὑμῶν ἄρτι τοὺς μὲν εἰς τὴν ἀνδρωνῖτιν
F ἕλκοντας τὸν Ἔρωτα, τοὺς δ' εἰς τὴν γυναικωνῖτιν, ὡς ὑπερφυὲς καὶ θεῖον ἀγαθόν, οὐκ ἐθαύμαζον, εἰ τηλικαύτην δύναμιν ἔσχε καὶ τιμὴν τὸ πάθος, οἷς ἦν προσῆκον ἐξελαύνειν αὐτὸ πανταχόθεν καὶ κολούειν, ὑπὸ τούτων αὐξανόμενον καὶ σεμνυνόμενον. ἄρτι μὲν οὖν ἡσυχίαν ἦγον· ἐν γὰρ ἰδίοις μᾶλλον ἢ κοινοῖς ἑώρων τὴν ἀμφισβήτησιν
756 οὖσαν· | νυνὶ δ' ἀπηλλαγμένος Πεισίου, ἡδέως ἂν ὑμῶν ἀκούσαιμι πρὸς τί βλέψαντες ἀπεφήναντο τὸν Ἔρωτα θεὸν οἱ πρῶτοι τοῦτο λέξαντες.'

13. Παυσαμένου δὲ τοῦ Πεμπτίδου καὶ τοῦ πατρὸς ἀρξαμένου τι περὶ τούτων λέγειν, ἕτερος ἧκεν ἐκ πόλεως, τὸν Ἀνθεμίωνα μεταπεμπομένης τῆς Ἰσμηνοδώρας· ἐπέτεινε γὰρ ἡ ταραχή, καὶ τῶν γυμνασιάρχων ἦν διαφορά, τοῦ μὲν οἰομένου δεῖν τὸν Βάκχωνα ἀπαιτεῖν, τοῦ δὲ πολυπραγμονεῖν οὐκ ἐῶντος. ὁ μὲν οὖν Ἀνθεμίων ἀναστὰς ἐβάδιζεν· ὁ δὲ πατὴρ τὸν Πεμπτίδην ὀνομαστὶ προσαγορεύσας 'μεγάλου μοι δοκεῖς ἅπτεσθαι' εἶπεν 'καὶ
B παραβόλου πράγματος, ὦ Πεμπτίδη, μᾶλλον δ' ὅλως τὰ ἀκίνητα κινεῖν τῆς περὶ θεῶν δόξης ἣν ἔχομεν, περὶ ἑκάστου λόγον ἀπαιτῶν καὶ ἀπόδειξιν· ἀρκεῖ γὰρ ἡ πάτριος καὶ παλαιὰ πίστις, ἧς οὐκ ἔστιν εἰπεῖν οὐδ' ἀνευρεῖν τεκμήριον ἐναργέστερον (Eur. Bacch. 203)

'οὐδ' εἰ δι' ἄκρας τὸ σοφὸν εὕρηται φρενός'·

ἀλλ' ἕδρα τις αὕτη καὶ βάσις ὑφεστῶσα κοινὴ πρὸς εὐσέβειαν, ἐὰν ἐφ' ἑνὸς ταράττηται καὶ σαλεύηται τὸ βέβαιον αὐτῆς καὶ νενομισμένον, ἐπισφαλὴς γίνεται πᾶσα καὶ ὕποπτος. ἀκούεις δὲ δήπου τὸν Εὐριπίδην, ὡς ἐθορυβήθη ποιησάμενος ἀρχὴν τῆς Μελανίππης ἐκείνην (fr. 480),

'Ζεύς, <ὅστις ὁ Ζεύς,> οὐ γὰρ οἶδα πλὴν λόγῳ,'

C μεταλαβὼν δὲ χορὸν ἄλλον (ἐθάρρει δ' ὡς ἔοικε τῷ δράματι γεγραμμένῳ πανηγυρικῶς καὶ περιττῶς) ἤλλαξε τὸν στίχον ὡς νῦν γέγραπται (fr. 481)

'Ζεύς, ὡς λέλεκται τῆς ἀληθείας ὕπο.'

τί οὖν διαφέρει τὴν περὶ τοῦ Διὸς δόξαν ἢ τῆς Ἀθηνᾶς ἢ τοῦ Ἔρωτος εἰς ἀμφίβολον τῷ λόγῳ θέσθαι [ἢ] καὶ ἄδηλον; οὐ γὰρ νῦν αἰτεῖ πρῶτον βωμὸν ὁ Ἔρως καὶ θυσίαν οὐδ' ἔπηλυς ἔκ τινος βαρβαρικῆς δεισιδαιμονίας, ὥσπερ Ἄτται τινὲς καὶ Ἀδώνιοι λεγόμενοι, δι' ἀνδρογύνων καὶ γυναικῶν παραδύεται [καὶ] κρύφα τιμὰς οὐ προσηκούσας καρπούμενος, ὥστε παρεισγραφῆς δίκην φεύγειν καὶ νο-
D θείας τῆς ἐν θεοῖς. Ἀλλ' ὅταν Ἐμπεδοκλέους (fr. 17, 20) ἀκούσῃς λέγοντος, ὦ ἑταῖρε,

'καὶ Φιλότης ἐν τοῖσιν ἴση μῆκός τε πλάτος τε,
τὴν σὺ νόῳ δέρκου, μηδ' ὄμμασιν ἧσο τεθηπώς',

ταῦτ' οἴεσθαι χρὴ λέγεσθαι <καὶ> περὶ Ἔρωτος· οὐ γάρ ἐστιν ὁρατός, ἀλλὰ δοξαστὸς ἡμῖν ὁ θεὸς οὗτος ἐν τοῖς πάνυ παλαιοῖς· ὧν ἂν περὶ ἑκάστου τεκμήριον ἀπαιτῇς, παντὸς ἁπτόμενος ἱεροῦ καὶ παντὶ βωμῷ σοφιστικὴν ἐπάγων πεῖραν, οὐδέν' ἀσυκοφάντητον οὐδ' ἀβασάνιστον ἀπολείψεις. πόρρω γὰρ οὐκ ἄπειμι (Eur. fr. 898,1),

'τὴν δ' Ἀφροδίτην οὐχ ὁρᾷς ὅση θεός;
'ἥδ' ἐστὶν ἡ σπείρουσα καὶ διδοῦσ› ἔρον,
οὗ πάντες ἐσμὲν οἱ κατὰ χθόν' ἔκγονοι' (Eur. Hipp. 449).

Ε 'ζείδωρον' γὰρ αὐτὴν Ἐμπεδοκλῆς (fr. 151) 'εὔκαρπον' δὲ Σοφοκλῆς (fr. 763) ἐμμελῶς πάνυ καὶ πρεπόντως ὠνόμασαν. ἀλλ' ὅμως τὸ μέγα τοῦτο καὶ θαυμαστὸν Ἀφροδίτης μὲν ἔργον Ἔρωτος δὲ πάρεργόν ἐστιν Ἀφροδίτῃ συμπαρόντος· μὴ συμπαρόντος δὲ κομιδῇ τὸ γινόμενον ἄζηλον ἀπολείπεται καὶ 'ἄτιμον καὶ ἄφιλον.' ἀνέραστος γὰρ ὁμιλία καθάπερ πεῖνα καὶ δίψα πλησμονὴν ἔχουσα πέρας εἰς οὐδὲν ἐξικνεῖται καλόν· ἀλλ' ἡ θεὸς Ἔρωτι τὸν κόρον ἀφαιροῦσα τῆς ἡδονῆς φιλότητα ποιεῖ καὶ σύγκρασιν. διὸ Παρμενίδης (fr. 13) μὲν ἀποφαίνει τὸν Ἔρωτα τῶν Ἀφροδίτης ἔργων πρεσβύτατον, ἐν τῇ κοσμογονίᾳ γράφων

F 'πρώτιστον μὲν Ἔρωτα θεῶν μητίσατο πάντων'.

Ἡσίοδος (Th. 120) δὲ φυσικώτερον ἐμοὶ δοκεῖ ποιεῖν Ἔρωτα πάντων προγενέστατον, ἵνα πάντα δι' ἐκεῖνον μετάσχῃ γενέσεως. ἂν οὖν τὸν Ἔρωτα τῶν νενομισμένων τιμῶν ἐκβάλλωμεν, οὐδ' αἱ τῆς Ἀφροδίτης κατὰ χώραν
757 μενοῦσιν. | Οὐδὲ γὰρ τοῦτ' ἔστιν εἰπεῖν, ὅτι τῷ μὲν Ἔρωτι λοιδοροῦνταί τινες [ἀλλὰ] ἀπέχονται <δ'> ἐκείνης, ἀλλ' ἀπὸ μιᾶς σκηνῆς ἀκούομεν (Eur. fr. 322, 1)

'Ἔρως γὰρ ἀργὸν κἀπὶ τοιούτοις ἔφυ'

καὶ πάλιν (Soph. fr. 855,1)

'ὦ παῖδες, <ἤ τοι Κύπρις> οὐ Κύπρις μόνον,
ἀλλ' ἔστι πολλῶν ὀνομάτων ἐπώνυμος.
ἔστιν μὲν Ἅιδης, ἔστι δ' ἄφθιτος βίος,
ἔστιν δὲ λύσσα μανιάς·'

ὥσπερ οὐδὲ τῶν ἄλλων θεῶν σχεδὸν ἀλοιδόρητος οὐδεὶς ἐκπέφευγε τὴν εὐλοιδόρητον ἀμαθίαν.

σκόπει δὲ τὸν Ἄρην καθάπερ ἐν πίνακι χαλκῷ τὴν ἀντικειμένην ἐκ διαμέτρου τῷ Ἔρωτι χώραν ἔχοντα πηλίκας εἴληχε τιμὰς ὑπ' ἀνθρώπων καὶ πάλιν ὅσα κακῶς ἀκούει, (Soph. fr. 754)

B 'τυφλὸς γάρ, ὦ γυναῖκες, οὐδ' ὁρῶν Ἄρης
συὸς προσώπῳ πάντα τυρβάζει κακά'

καὶ 'μιαιφόνον' Ὅμηρος (Ε 31. 831 al.) αὐτὸν καλεῖ καὶ 'ἀλλοπρόσαλλον.' Ὁ δὲ Χρύσιππος (St. V. Fr. II 1094) ἐξηγούμενος τοὔνομα τοῦ θεοῦ κατηγορίαν ποιεῖ καὶ διαβολήν· Ἀναίρην γὰρ εἶναι τὸν Ἄρην φησίν, ἀρχὰς διδοὺς τοῖς τὸ μαχητικὸν ἐν ἡμῖν καὶ διάφορον καὶ θυμοειδὲς Ἄρην κεκλῆσθαι νομίζουσιν. ἕτεροι δ' αὖ φήσουσι τὴν Ἀφροδίτην ἐπιθυμίαν εἶναι καὶ τὸν Ἑρμῆν λόγον καὶ τέχνας τὰς Μούσας καὶ φρόνησιν τὴν Ἀθηνᾶν. ὁρᾷς δήπου τὸν ὑπολαμβάνοντα βυθὸν ἡμᾶς ἀθεότητος, ἂν εἰς
C πάθη καὶ δυνάμεις καὶ ἀρετὰς διαγράφωμεν ἕκαστον τῶν θεῶν.

14. 'ὁρῶ' εἶπεν ὁ Πεμπτίδης, 'ἀλλ' οὔτε πάθη τοὺς θεοὺς ποιεῖν ὅσιον οὔτ' αὖ πάλιν τὰ πάθη θεοὺς νομίζειν.' καὶ ὁ πατήρ 'τί οὖν' ἔφη 'τὸν Ἄρην, θεὸν εἶναι νομίζεις ἢ πάθος ἡμέτερον;' ἀποκριναμένου δὲ τοῦ Πεμπτίδου θεὸν ἡγεῖσθαι τὸν Ἄρην κοσμοῦντα τὸ θυμοειδὲς ἡμῶν καὶ ἀνδρῶδες, ἀνακραγὼν ὁ πατήρ 'εἶτ'' ἔφη 'τὸ μὲν μαχητικόν, ὦ Πεμπτίδη, καὶ πολεμικὸν καὶ ἀντίπαλον θεὸν ἔχει, τὸ δὲ φιλητικὸν καὶ κοινωνικὸν καὶ συνελευστικὸν ἄθεόν ἐστι; καὶ κτείνοντας μὲν ἄρα καὶ κτεινομένους ἀνθρώπους ὅπλα τε καὶ βέλη καὶ τειχομαχίας καὶ λεηλα-
D σίας ἔστι τις ἐφορῶν καὶ βραβεύων θεὸς Ἐνυάλιος καὶ Στράτιος· πάθους δὲ γάμου καὶ φιλότητος εἰς ὁμοφροσύνην καὶ κοινωνίαν τελευτῶσης οὐδεὶς θεῶν μάρτυς οὐδ' ἐπίσκοπος οὐδ' ἡγεμὼν ἢ συνεργὸς ἡμῖν γέγονεν; ἀλλὰ δορκάδας μὲν θηρεύουσι καὶ

λαγωοὺς καὶ ἐλάφους Ἀγροτέρα τις συνεπιθωΰσσει καὶ συνεξορμᾷ θεός, εὔχονται δ' Ἀρισταίῳ δολοῦντες ὀρύγμασι καὶ βρόχοις λύκους καὶ ἄρκτους,

'ὃς πρῶτος θήρεσσιν ἔπηξε ποδάγρας·'

ὁ δ' Ἡρακλῆς ἕτερον θεὸν παρακαλεῖ μέλλων ἐπὶ τὸν ὄρνιν αἴρεσθαι τὸ τόξον, ὡς Αἰσχύλος (fr. 200) φησίν,

'Ἀγρεὺς δ' Ἀπόλλων ὀρθὸν ἰθύνοι βέλος·'

E ἀνδρὶ δὲ τὸ κάλλιστον ἐπιχειροῦντι θήραμα φιλίαν ἑλεῖν οὔτε θεὸς οὔτε δαίμων ἀπευθύνει καὶ συνεφάπτεται τῆς ὁρμῆς; ἐγὼ μὲν γὰρ οὐδὲ δρυὸς οὐδὲ μορίας οὐδ' ἣν Ὅμηρος (ε 69) 'ἡμερίδα' σεμνύνων προσεῖπεν ἀκαλλέστερον ἔρνος οὐδὲ φαυλότερον ἡγοῦμαι φυτὸν ἄνθρωπον, ὦ φίλε Δαφναῖε, βλαστήσεως ὁρμὴν ἔχοντα διαφαίνουσαν ὥραν καὶ κάλλος ἅμα σώματος καὶ ψυχῆς.'

15. καὶ ὁ Δαφναῖος 'τίς δ' ἄλλως' εἶπεν, 'ὦ πρὸς τῶν θεῶν;' 'οὗτοι νὴ Δί'' ἔφη 'πάντες' ὁ πατήρ, 'οἱ νομίζοντες ἀρότου καὶ σπόρου καὶ φυτείας ἐπιμέλειαν θεοῖς προσήκειν. ἢ γὰρ οὐ νύμφαι τινὲς αὐτοῖς δρυάδες εἰσίν

'ἰσοδένδρου τέκμαρ αἰῶνος λαχοῦσαι·'
F 'δενδρέων δὲ νομὸν Διόνυσος πολυγαθὴς αὐξάνει,
φέγγος ἁγνὸν ὀπώρας'(fr. 165. 153)

κατὰ Πίνδαρον;) μειρακίων δ' ἄρα καὶ παίδων ἐν ὥρᾳ καὶ ἄνθει πλαττομένων καὶ ῥυθμιζομένων τροφαὶ καὶ αὐξήσεις οὐδενὶ θεῶν ἢ δαιμόνων προσήκουσιν, οὐδ' ἔστιν ᾧ μέλει φυόμενον ἄνθρωπον εἰς ἀρετὴν ὀρθὸν 758 ἐλθεῖν | καὶ μὴ παρατραπῆναι μηδὲ κλασθῆναι τὸ γενναῖον ἐρημίᾳ κηδεμόνος ἢ κακίᾳ τῶν προστυγχανόντων.

Ἤ καὶ τὸ λέγειν ταῦτα δεινόν ἐστι καὶ ἀχάριστον, ἀπολαύοντάς γε τοῦ θείου τοῦ φιλανθρώπου πανταχόσε νενεμημένου καὶ μηδαμοῦ προλείποντος ἐν χρείαις, ὧν ἀναγκαιότερον ἔνιαι τὸ τέλος ἢ κάλλιον ἔχουσιν; ὥσπερ εὐθὺς ἡ περὶ τὴν γένεσιν ἡμῶν, οὐκ εὐπρεπὴς οὖσα δι' αἵματος καὶ ὠδίνων, ὅμως ἔχει θεῖον ἐπίσκοπον Εἰλείθυιαν καὶ Λοχείαν· ἣν δέ που μὴ γίνεσθαι κρεῖττον ἢ γίνεσθαι κακόν, ἁμαρτάνοντα κηδεμόνος ἀγαθοῦ καὶ φύλακος. οὐ μὴν οὐδὲ νοσοῦντος ἀνθρώπου θεὸς ἀποστατεῖ
Β τὴν περὶ τοῦτο χρείαν καὶ δύναμιν εἰληχώς, ἀλλ' οὐδ' ἀποθανόντος· ἔστι δέ τις ἐκεῖ κομιστὴρ ἐνθένδε καὶ ἀγωγὸς τῶν ἐν τέλει γενομένων κατευναστὴς καὶ ψυχοπομπὸς ὥσπερ οὗτος·

'οὐ γάρ με Νὺξ ἔτικτε δεσπότην λύρας,
οὐ μάντιν οὐδ' ἰατρόν, ἀλλὰ † ἡγήτορα ἅμα
ψυχαῖς' (Trag. ad. 405).
καὶ τὰ τοιαῦτα πολλὰς ἔχει δυσχερείας. ἐκείνου δ' οὐκ ἔστιν εἰπεῖν ἔργον ἱερώτερον οὐδ' ἅμιλλαν ἑτέραν οὐδ' ἀγῶνα θεῷ πρέπειν μᾶλλον ἐφορᾶν καὶ βραβεύειν ἢ τὴν περὶ τοὺς καλοὺς καὶ ὡραίους ἐπιμέλειαν τῶν ἐρώντων καὶ δίωξιν· οὐδὲν γάρ ἐστιν αἰσχρὸν οὐδ' ἀναγκαῖον, ἀλλὰ πειθὼ καὶ χάρις ἐνδιδοῦσα 'πόνον ἡδὺν' ὡς ἀληθῶς 'κάματόν <τ' εὐκάματον'> (Eur.
C Bacch. 66) ὑφηγεῖται πρὸς ἀρετὴν καὶ φιλίαν, οὔτ' 'ἄνευ θεοῦ' (Hom. β 372 ο 531) τὸ προσῆκον τέλος λαμβάνουσαν, οὔτ' ἄλλον ἔχουσαν ἡγεμόνα καὶ δεσπότην θεὸν ἀλλὰ τὸν Μουσῶν καὶ Χαρίτων καὶ Ἀφροδίτης ἑταῖρον Ἔρωτα.

'γλυκὺ γὰρ θέρος ἀνδρὸς ὑποσπείρων
πραπίδων πόθῳ'

κατὰ τὸν Μελανιππίδην (fr. 7 II p. 154 D.), τὰ ἥδιστα μίγνυσι τοῖς καλλίστοις· ἢ πῶς' ἔφη 'λέγωμεν, ὦ Ζεύξιππε;'

16. κἀκεῖνος 'οὕτως' ἔφη 'νὴ Δία παντὸς μᾶλλον· ἄτοπον γὰρ ἀμέλει τοὐναντίον.' 'Ἐκεῖνο δ',' ὁ πατήρ 'οὐκ ἄτοπον' εἶπεν, 'εἰ τέσσαρα γένη τῆς φιλίας ἐχούσης, ὥσπερ οἱ παλαιοὶ διώρισαν, τὸ φυσικὸν πρῶτον εἶτα τὸ
D ξενικὸν ἐπὶ τούτῳ καὶ τρίτον τὸ ἑταιρικὸν καὶ τελευταῖον τὸ ἐρωτικόν, ἔχει τούτων ἕκαστον ἐπιστάτην θεὸν ἢ φίλιον ἢ ξένιον ἢ ὁμόγνιον καὶ πατρῷον· μόνον δὲ τὸ ἐρωτικὸν ὥσπερ δυσιεροῦν ἄθεον καὶ ἀδέσποτον ἀφεῖται, καὶ ταῦτα πλείστης ἐπιμελείας καὶ κυβερνήσεως δεόμενον;' 'ἔχει καὶ ταῦθ'' ὁ Ζεύξιππος εἶπεν 'οὐ μικρὰν ἀλογίαν.' 'Ἀλλὰ μήν' ὁ πατὴρ ἔφη 'τά γε τοῦ Πλάτωνος (Phaedr. 244 ss. 265 a al.) ἐπιλάβοιτ' ἂν τοῦ λόγου καὶ παρεξιόντος. μανία γὰρ ἡ μὲν ἀπὸ σώματος ἐπὶ ψυχὴν ἀνεσταλμένη δυσκρασίαις τισὶν ἢ συμμίξεσιν [ἢ] πνεύματος βλαβεροῦ περιφερομένου τραχεῖα καὶ χαλεπή

E καὶ νοσώδης· ἑτέρα δ' ἐστὶν οὐκ ἀθείαστος οὐδ' οἰκογενής, ἀλλ' ἔπηλυς ἐπίπνοια καὶ παρατροπὴ τοῦ λογιζομένου καὶ φρονοῦντος ἀρχὴν κρείττονος δυνάμεως ἀρχὴν ἔχουσα καὶ κίνησιν, ἧς τὸ μὲν κοινὸν ἐνθουσιαστικὸν καλεῖται πάθος· ὡς γὰρ ἔμπνουν τὸ πνεύματος πληρωθὲν ἔμφρον δὲ τὸ φρονήσεως, οὕτως ὁ τοιοῦτος σάλος ψυχῆς ἐνθουσιασμὸς ὠνόμασται μετοχῇ καὶ κοινωνίᾳ θειοτέρας δυνάμεως. ἐνθουσιασμοῦ δὲ τὸ μαντικὸν ἐξ Ἀπόλλωνος ἐπιπνοίας καὶ κατοχῆς, τὸ δὲ βακχεῖον ἐκ Διονύσου,

'κἀπὶ Κυρβάντεσι χορεύσατε'

φησὶ Σοφοκλῆς (fr. 778)· τὰ γὰρ μητρῷα καὶ πανικὰ
F κοινωνεῖ τοῖς βακχικοῖς ὀργιασμοῖς. 'τρίτη δ' ἀπὸ Μουσῶν λαβοῦσ' ἁπαλὴν καὶ ἄβατον ψυχὴν'

(Phaedr. 245a) τὸ ποιητικὸν καὶ μουσικὸν ἐξώρμησε καὶ ἀνερρίπισεν. ἡ δ' ἀρειμάνιος αὕτη λεγομένη καὶ πολεμικὴ παντὶ δῆλον ὅτῳ θεῶν ἀνίεται καὶ βακχεύεται

'ἄχορον ἀκίθαριν δακ<ρυο>γόνον Ἄρ<η βο>άν τ' ἔνδημον ἐξοπλίζουσα' | (Aesch. Suppl. 681).

759A λείπεται δὲ τῆς ἐξαλλαγῆς ἐν ἀνθρώπῳ καὶ παρατροπῆς οὐκ ἀμαυρὸν οὐδ' ἡσυχαῖον, ὦ Δαφναῖε, μόριον, ὑπὲρ οὗ βούλομαι τουτονὶ Πεμπτίδην ἐρέσθαι...

'τί<ς καλλί>καρπον θύρσον ἀνασείει θεῶν;'
(Trag. ad. 406)

τὸν φιλητικὸν τοῦτον περὶ παῖδας ἀγαθοὺς καὶ σώφρονας γυναῖκας ἐνθουσιασμὸν πολὺ δριμύτατον ὄντα καὶ θερμότατον; ἢ γὰρ οὐχ ὁρᾷς, ὡς ὁ μὲν στρατιώτης τὰ ὅπλα θεὶς πέπαυται τῆς πολεμικῆς μανίας,

'τοῦ μὲν ἔπειτα
γηθόσυνοι θεράποντες ἀπ' ὤμων τεύχε' ἕλοντο'
(Η 121),

καὶ κάθηται τῶν ἄθλων ἀπόλεμος θεατής, ταυτὶ δὲ τὰ βακχικὰ καὶ κορυβαντικὰ σκιρτήματα τὸν ῥυθμὸν Β μεταβάλλοντες ἐκ τροχαίου καὶ τὸ μέλος ἐκ Φρυγίου πραΰνουσι καὶ καταπαύουσιν, ὡς δ' αὕτως ἡ Πυθία τοῦ τρίποδος ἐκβᾶσα καὶ τοῦ πνεύματος ἐν γαλήνῃ καὶ ἡσυχίᾳ διατελεῖ; τὴν δ' ἐρωτικὴν μανίαν τοῦ ἀνθρώπου καθαψαμένην ἀληθῶς καὶ διακαύσασαν οὐ μοῦσά τις οὐκ 'ἐπῳδὴ θελκτήριος' οὐ τόπου μεταβολὴ καθίστησιν· ἀλλὰ καὶ παρόντες ἐρῶσι καὶ ἀπόντες ποθοῦσι καὶ μεθ' ἡμέραν διώκουσι

καὶ νύκτωρ θυραυλοῦσι καὶ νήφοντες καλοῦσι τοὺς καλοὺς καὶ πίνοντες ᾄδουσι. καὶ οὐχ ὥς τις εἶπεν αἱ ποιητικαὶ φαντασίαι διὰ
C τὴν ἐνάργειαν ἐγρηγορότων ἐνύπνι' εἰσίν, ἀλλὰ μᾶλλον αἱ τῶν ἐρώντων, διαλεγομένων ὡς πρὸς παρόντας, ἀσπαζομένων, ἐγκαλούντων. ἡ γὰρ ὄψις ἔοικε τὰς μὲν ἄλλας φαντασίας ἐφ' ὑγροῖς ζωγραφεῖν, ταχὺ μαραινομένας καὶ ἀπολειπούσας τὴν διάνοιαν· αἱ δὲ τῶν ἐρωμένων εἰκόνες ὑπ' αὐτῆς οἷον ἐν ἐγκαύμασι γραφόμεναι διὰ πυρὸς εἴδωλα ταῖς μνήμαις ἐναπολείπουσι κινούμενα καὶ ζῶντα καὶ φθεγγόμενα καὶ παραμένοντα τὸν ἄλλον χρόνον. ὁ μὲν γὰρ Ῥωμαῖος Κάτων ἔλεγε τὴν ψυχὴν τοῦ ἐρῶντος ἐνδιαιτᾶσθαι τῇ τοῦ ἐρωμένου· * * καὶ τὸ εἶδος καὶ τὸ ἦθος καὶ ὁ βίος καὶ αἱ πράξεις, ὑφ' ὧν ἀγόμενος
D ταχὺ συναιρεῖ πολλὴν ὁδόν, ὥσπερ οἱ Κυνικοὶ λέγουσι 'σύντονον ὁμοῦ καὶ σύντομον εὑρηκέναι πορείαν ἐπ' ἀρετήν'· καὶ γὰρ ἐπὶ τὴν φιλίαν ... καθάπερ ἐπὶ κύματος τοῦ πάθους ἅμα θεῷ φερομένη. λέγω δὴ κεφάλαιον, ὡς οὔτ' ἀθείαστον ὁ τῶν ἐρώντων ἐνθουσιασμός ἐστιν οὔτ' ἄλλον ἔχει θεὸν ἐπιστάτην καὶ ἡνίοχον ἢ τοῦτον, ᾧ νῦν ἑορτάζομεν καὶ θύομεν.'

Ὅμως δ' ἐπεὶ δυνάμει καὶ ὠφελείᾳ μάλιστα θεοῦ ... καθότι καὶ τῶν ἀνθρωπίνων ἀγαθῶν δύο ταῦτα, βασιλείαν καὶ ἀρετήν, θειότατα καὶ νομίζομεν καὶ ὀνομάζομεν, ὥρα
E σκοπεῖν πρότερον, εἴ τινι θεῶν ὁ Ἔρως ὑφίεται δυνάμεως. καίτοι

'μέγα μὲν σθένος ἁ Κύπρις ἐκφέρεται νίκας'

ὥς φησι καὶ Σοφοκλῆς (Trach. 497), μεγάλη δ' ἡ τοῦ Ἄρεος ἰσχύς· καὶ τρόπον τινὰ τῶν ἄλλων θεῶν νενεμημένην δίχα τὴν δύναμιν ἐν τούτοις ὁρῶμεν· ἡ μὲν γὰρ οἰκειωτικὴ πρὸς τὸ καλὸν ἡ δ' ἀντιτακτικὴ πρὸς τὸ αἰσχρὸν ἀρχῆθεν ἐγγέγονε ταῖς ψυχαῖς, ὥς που καὶ Πλάτων ... τὰ εἴδη. σκοπῶμεν οὖν εὐθύς, ὅτι τῆς Ἀφροδίτης τὸ ἔργον ἔρωτος ὠνιόν ἐστι δραχμῆς, καὶ οὔτε πόνον οὐδεὶς οὔτε κίνδυνον ἀφροδισίων ἕνεκα μὴ ἐρῶν ὑπέμεινε. καὶ ὅπως ἐνταῦθα μὴ Φρύνην ὀνομάζωμεν, ὦ ἑταῖρε, Λαΐς τις ἢ Γναθαίνιον

F 'ἑφέσπερον δαίουσα λαμπτῆρος σέλας' (Trag. ad. 407)

ἐκδεχομένη καὶ καλοῦσα παροδεύεται πολλάκις· 'ἐλθὼν δ' ἐξαπίνης ἄνεμος' (P 57) σὺν ἔρωτι πολλῷ καὶ πόθῳ ταὐτὸ τοῦτο τῶν Ταντάλου λεγομένων ταλάντων καὶ τῆς Γύγου ἀρχῆς ἀντάξιον ἐποίησεν. οὕτως ἀσθενὴς καὶ ἀψίκορός ἐστιν ἡ τῆς Ἀφροδίτης χάρις Ἔρωτος μὴ ἐπιπνεύσαντος. ἔτι δὲ μᾶλλον κἀκεῖθεν ἂν συνίδοις· πολλοὶ γὰρ ἀφροδισίων ἑτέροις ἐκοινώνησαν, οὐ μόνον ἑταίρας ἀλλὰ καὶ γαμετὰς προαγωγεύοντες· ὥσπερ καὶ ὁ Ῥωμαῖος ἐκεῖνος,
760 ὦ ἑταῖρε, Γάββας εἱστία Μαικήναν | ὡς ἔοικεν, εἶθ' ὁρῶν διαπληκτιζόμενον ἀπὸ νευμάτων πρὸς τὸ γύναιον, ἀπέκλινεν ἡσυχῇ τὴν κεφαλὴν ὡς δὴ καθεύδων· ἐν τούτῳ δὴ τῶν οἰκετῶν τινος προσρυέντος ἔξωθεν τῇ τραπέζῃ καὶ τὸν οἶνον ὑφαιρουμένου, διαβλέψας 'κακόδαιμον' εἶπεν, 'οὐκ οἶσθ' ὅτι μόνῳ Μαικήνᾳ καθεύδω;' τοῦτο μὲν οὖν ἴσως <οὐ> δεινόν ἐστιν· ἦν γὰρ ὁ Γάββας γελωτοποιός. ἐν δ' Ἄργει Νικόστρατος ἀντεπολιτεύσατο πρὸς Φάυλλον· ἐπιδημήσαντος οὖν Φιλίππου τοῦ βασιλέως, ἐπίδοξος ἦν διὰ τῆς γυναικὸς ὁ Φάυλλος ἐκπρεποῦς οὔσης, εἰ συγγένοιτο τῷ Φιλίππῳ, διαπράξεσθαί τινα
B δυναστείαν αὐτῷ καὶ ἀρχήν. αἰσθομένων δὲ τῶν περὶ Νικόστρατον τοῦτο καὶ παρὰ τὰς θύρας τῆς οἰκίας περιπατούντων, ὁ Φάυλλος ὑποδήσας τὴν γυναῖκα κρηπῖσι καὶ χλαμύδα περιθεὶς καὶ καυσίαν Μακεδονικήν, ὡς ἕνα τῶν βασιλικῶν νεανίσκων παρεισέπεμψε λαθοῦσαν. ἆρ' οὖν, ἐραστῶν τοσούτων γεγονότων καὶ ὄντων, οἶσθ' ἐπὶ ταῖς τοῦ

Διὸς τιμαῖς προαγωγὸν ἐρωμένου γενόμενον; ἐγὼ μὲν οὐκ οἶμαι· πόθεν γάρ, ὅπου καὶ τοῖς τυράννοις ἀντιλέγων μὲν οὐδεὶς οὔτ' ἀντιπολιτευόμενός ἐστιν, ἀντερῶντες δὲ πολλοὶ καὶ φιλοτιμούμενοι περὶ τῶν καλῶν καὶ ὡραίων; ἀκούετε γὰρ ὅτι καὶ Ἀριστογείτων C ὁ Ἀθηναῖος καὶ Ἀντιλέων ὁ Μεταποντῖνος καὶ Μελάνιππος ὁ Ἀκραγαντῖνος οὐ διεφέροντο τοῖς τυράννοις, πάντα τὰ πράγματα λυμαινομένους καὶ παροινοῦντας ὁρῶντες· ἐπεὶ δὲ τοὺς ἐρωμένους αὐτῶν ἐπείρων, ὥσπερ ἱεροῖς ἀσύλοις καὶ ἀθίκτοις ἀμύνοντες ἠφείδησαν ἑαυτῶν. λέγεται καὶ Ἀλέξανδρος ἐπιστεῖλαι Θεοδώρῳ Πρωτέου ἀδελφῷ 'πέμψον μοι τὴν μουσουργὸν δέκα τάλαντα λαβών, εἰ μὴ ἐρᾷς αὐτῆς·' ἑτέρου δὲ τῶν ἑταίρων Ἀντιπατρίδου μετὰ ψαλτρίας ἐπικωμάσαντος, ἡδέως διατεθεὶς πρὸς τὴν ἄνθρωπον ἐρέσθαι τὸν Ἀντιπατρίδην, 'οὐ δήπου
D σὺ τυγχάνεις ἐρῶν ταύτης;' τοῦ δέ 'καὶ πάνυ' φήσαντος εἰπών 'ἀπόλοιο τοίνυν κακὸς κακῶς' ἀποσχέσθαι καὶ μὴ θιγεῖν τῆς γυναικός.

17. Σκόπει τοίνυν αὖθις' ἔφη 'τοῖς ἀρηίοις ἔργοις ὅσον Ἔρως περίεστιν, οὐκ ἀργὸς ὤν, ὡς Εὐριπίδης (fr. 322, 1) ἔλεγεν, οὐδ' ἀστράτευτος οὐδ' 'ἐν μαλακαῖσιν <ἐννυχεύ>ων παρειαῖς νεανίδων' (Soph. Ant. 783). ἀνὴρ γὰρ ὑποπλησθεὶς Ἔρωτος οὐδὲν Ἄρεος δεῖται μαχόμενος πολεμίοις, ἀλλὰ τὸν αὑτοῦ θεὸν ἔχων συνόντα

'πῦρ καὶ θάλασσαν καὶ πνοὰς τὰς αἰθέρος περᾶν ἕτοιμος' (Trag. ed. 408)

ὑπὲρ τοῦ φίλου οὗπερ ἂν κελεύῃ. τῶν μὲν γὰρ τοῦ Σοφοκλέους Νιοβιδῶν βαλλομένων καὶ θνησκόντων ἀνακαλεῖ-
E ταί τις οὐθένα βοηθὸν ἄλλον οὐδὲ σύμμαχον ἢ τὸν ἐραστήν,

'ὦ ... ἀμφ' ἐμοῦ στεῖλαι' (Soph. Fr. 410).

Κλεόμαχον δὲ τὸν Φαρσάλιον ἴστε δήπουθεν ἐξ ἧς αἰτίας ἐτελεύτησεν ἀγωνιζόμενος. 'οὐχ ἡμεῖς γοῦν' οἱ περὶ Πεμπτίδην ἔφασαν, 'ἀλλ' ἡδέως ἂν πυθοίμεθα.' 'καὶ γὰρ ἄξιον' ἔφη ὁ πατήρ· 'ἧκεν ἐπίκουρος Θεσσαλικοῦ πολέμου πρὸς Ἐρετριεῖς ἀκμάζοντος· καὶ τὸ μὲν πεζὸν ἐδόκει τοῖς Χαλκιδεῦσιν ἐρρῶσθαι, τοὺς δ' ἱππέας μέγ' ἔργον ἦν ὤσασθαι τῶν πολεμίων παρεκάλουν δὴ τὸν Κλεόμαχον ἄνδρα λαμπρὸν ὄντα τὴν ψυχὴν οἱ σύμμαχοι πρῶτον ἐμβάλλειν εἰς τοὺς ἱππέας.

F ὁ δ' ἠρώτησε παρόντα τὸν ἐρώμενον, εἰ μέλλοι θεᾶσθαι τὸν ἀγῶνα· φήσαντος δὲ τοῦ νεανίσκου καὶ φιλοφρόνως αὐτὸν ἀσπασαμένου καὶ τὸ κράνος ἐπιθέντος, ἐπιγαυρωθεὶς ὁ Κλεόμαχος καὶ τοὺς ἀρίστους τῶν Θεσσαλῶν συναγαγὼν περὶ αὑτὸν ἐξήλασε λαμπρῶς καὶ προσέπεσε τοῖς πολεμίοις, ὥστε συνταράξαι καὶ τρέψασθαι τὸ ἱππικόν· ἐκ δὲ τούτου καὶ τῶν ὁπλιτῶν φυγόντων, |
761 ἐνίκησαν κατὰ κράτος οἱ Χαλκιδεῖς. τὸν μέντοι Κλεόμαχον ἀποθανεῖν συνέτυχε· τάφον δ' αὐτοῦ δεικνύουσιν ἐν ἀγορᾷ Χαλκιδεῖς, ἐφ' οὗ μέχρι νῦν ὁ μέγας ἐφέστηκε κίων· καὶ τὸ παιδεραστεῖν πρότερον ἐν ψόγῳ τιθέμενοι τότε μᾶλλον ἑτέρων ἠγάπησαν καὶ ἐτίμησαν. Ἀριστοτέλης (F H G II 141) δὲ τὸν μὲν Κλεόμαχον ἄλλως ἀποθανεῖν φησι, κρατήσαντα τῶν Ἐρετριέων τῇ μάχῃ· τὸν δ' ὑπὸ τοῦ ἐρωμένου φιληθέντα τῶν ἀπὸ Θράκης Χαλκιδέων γενέσθαι, πεμφθέντα τοῖς ἐν Εὐβοίᾳ Χαλκιδεῦσιν ἐπίκουρον· ὅθεν ᾄδεσθαι παρὰ τοῖς Χαλκιδεῦσιν

'ὦ παῖδες, οἳ χαρίτων τε καὶ πατέρων λάχετ' ἐσθλῶν,
B   μὴ φθονεῖθ' ὥρας ἀγαθοῖσιν ὁμιλίαν·
σὺν γὰρ ἀνδρείᾳ καὶ ὁ λυσιμελὴς Ἔρως

ἐνὶ Χαλκιδέων θάλλει πόλεσιν.' (Carm. popul. 44 Bgk.
II p. 205 D.)

Ἄντων ἦν ὄνομα τῷ ἐραστῇ τῷ δ' ἐρωμένῳ Φίλιστος,
ὡς ἐν τοῖς Αἰτίοις Διονύσιος ὁ ποιητὴς ἱστόρησε.
'παρ' ὑμῖν δ', ὦ Πεμπτίδη, τοῖς Θηβαίοις οὐ πανοπλίᾳ
ὁ ἐραστὴς ἐδωρεῖτο τὸν ἐρώμενον εἰς ἄνδρας
ἐγγραφόμενον; ἤλλαξε δὲ καὶ μετέθηκε τάξιν τῶν
ὁπλιτῶν ἐρωτικὸς ἀνὴρ Παμμένης, Ὅμηρον (Β 362)
ἐπιμεμψάμενος ὡς ἀνέραστον, ὅτι κατὰ φῦλα καὶ
φρήτρας συνελόχιζε τοὺς Ἀχαιούς, οὐκ ἐρώμενον
ἔταττε παρ' ἐραστήν, ἵν' οὕτω γένηται τὸ

'ἀσπὶς δ‹ ἀσπίδ› ἔρειδε κόρυς δὲ κόρυν'
(Ν 131. Π 215),

μόνον ἀήττητον ὂν τῶν πάντων τῶν στρατηγημάτων.
καὶ
C γὰρ φυλέτας καὶ οἰκείους καὶ νὴ Δία γονεῖς
καὶ παῖδας ἐγκαταλείπουσιν· ἐραστοῦ δ' ἐνθέου
καὶ ἐρωμένου μέσος οὐδεὶς πώποτε διεξῆλθε
πολέμιος οὐδὲ διεξήλασεν· ὅπου καὶ μηδὲν
δεομένοις ‹ἔπεισιν› ἐπιδεικνύναι τὸ φιλοκίνδυνον
κἀφιλόψυχον· ὡς Θήρων ὁ Θεσσαλὸς προσβαλὼν
τὴν χεῖρα τῷ τοίχῳ τὴν εὐώνυμον καὶ σπασάμενος
τὴν μάχαιραν ἀπέκοψε τὸν ἀντίχειρα προκαλούμενος
τὸν ἀντεραστήν. ἕτερος δέ τις ἐν μάχῃ πεσὼν ἐπὶ
πρόσωπον, ὡς ἔμελλε παίσειν αὐτὸν ὁ πολέμιος,
ἐδεήθη περιμεῖναι μικρόν, ‹ὅπως μὴ› ὁ ἐρώμενος
ἴδῃ κατὰ νώτου τετρωμένον. 'οὐ μόνον τοίνυν τὰ
μαχιμώτατα τῶν ἐθνῶν ἐρω-
D τικώτατα, Βοιωτοὶ καὶ Λακεδαιμόνιοι καὶ Κρῆτες,
ἀλλὰ καὶ τῶν παλαιῶν ὁ Μελέαγρος ὁ Ἀχιλλεὺς
ὁ Ἀριστομένης ὁ Κίμων ὁ Ἐπαμεινώνδας· καὶ γὰρ
οὗτος ἐρωμένους ἔσχεν Ἀσώπιχον καὶ Καφισόδωρον,
ὃς αὐτῷ συναπέθανεν ἐν Μαντινείᾳ καὶ τέθαπται

πλησίον· τὸν δὲ μω ..... φοβερώτατον γενόμενον τοῖς πολεμίοις καὶ δεινότατον ὁ πρῶτος ὑποστὰς καὶ πατάξας Εὔκναμος Ἀμφισσεὺς ἡρωικὰς ἔσχε τιμὰς παρὰ Φωκεῦσιν. Ἡρακλέους δὲ τοὺς μὲν ἄλλους ἔρωτας ἔργον ἐστὶν εἰπεῖν διὰ πλῆθος· Ἰόλαον δὲ νομίζοντες ἐρώμενον αὐτοῦ γεγονέναι μέχρι νῦν σέβονται καὶ τιμῶσιν <οἱ> ἐρῶντες ὅρκους τε καὶ
E πίστεις ἐπὶ τοῦ τάφου παρὰ τῶν ἐρωμένων λαμβάνοντες. λέγεται δὲ καὶ τὴν Ἄλκηστιν ἰατρικὸς ὢν ἀπεγνωσμένην σῶσαι τῷ Ἀδμήτῳ χαριζόμενος, ἐρῶντι μὲν αὐτῷ τῆς γυναικός, ἐρωμένου δ' αὐτοῦ γενομένου· καὶ γὰρ τὸν Ἀπόλλωνα μυθολογοῦσιν ἐραστὴν γενόμενον

'Ἀδμήτῳ πάρα θητεῦσαι μέγαν εἰς ἐνιαυτόν'.

Εὖ δέ πως ἐπὶ μνήμην ἦλθεν ἡμῖν Ἄλκηστις. Ἄρεος γὰρ οὐ πάνυ μέτεστι γυναικί, ἡ δ' ἐξ Ἔρωτος κατοχὴ προάγεταί τι τολμᾶν παρὰ φύσιν καὶ ἀποθνήσκειν. Εἰ δή πού τι καὶ μύθων πρὸς πίστιν ὄφελός ἐστι, δηλοῖ τὰ περὶ Ἄλκηστιν καὶ Πρωτεσίλεων καὶ Εὐρυδίκην τὴν Ὀρφέως,
F ὅτι μόνῳ θεῶν ὁ Ἅιδης Ἔρωτι ποιεῖ τὸ προσταττόμενον· καίτοι πρός γε τοὺς ἄλλους, ὥς φησι Σοφοκλῆς (fr. 703), ἅπαντας

'οὔτε τοὐπιεικὲς οὔτε τὴν χάριν
    οἶδεν, μόνην δ' ἔστερξε τὴν ἁπλῶς δίκην·'

αἰδεῖται δὲ τοὺς ἐρῶντας καὶ μόνοις τούτοις οὐκ ἔστιν ἀδάμαστος οὐδ' ἀμείλιχος. ὅθεν ἀγαθὸν μέν, ὦ ἑταῖρε, τῆς ἐν Ἐλευσῖνι τελετῆς μετασχεῖν, ἐγὼ δ' ὁρῶ τοῖς
762 Ἔρωτος | ὀργιασταῖς καὶ μύσταις ἐν Ἅιδου βελτίονα μοῖραν οὖσαν, οὔτι τοῖς μύθοις πειθόμενος οὐ μὴν οὐδ' ἀπιστῶν παντάπασιν· εὖ γὰρ δὴ λέγουσι,

καὶ θείᾳ τινὶ τύχῃ ψαύουσι τοῦ <ἀληθοῦς> λέγοντες ἐξ Ἅιδου τοῖς ἐρωτικοῖς ἄνοδον εἰς φῶς ὑπάρχειν, ὅπῃ δὲ καὶ ὅπως ἀγνοοῦσιν, ὥσπερ ἀτραποῦ διαμαρτόντες ἣν πρῶτος ἀνθρώπων διὰ φιλοσοφίας Πλάτων κατεῖδε. καίτοι λεπταί τινες ἀπόρροιαι καὶ ἀμυδραὶ τῆς ἀληθείας ἔνεισι ταῖς Αἰγυπτίων ἐνδιεσπαρμέναι μυθολογίαις, ἀλλ' ἰχνηλάτου δεινοῦ δέονται καὶ μεγάλα μικροῖς ἑλεῖν δυναμένου.' Διὸ ταῦτα μὲν ἐῶμεν, μετὰ δὲ τὴν ἰσχὺν τοῦ Ἔρωτος
B οὖσαν τοσαύτην ἤδη τὴν πρὸς ἀνθρώπους εὐμένειαν καὶ χάριν ἐπισκοπῶ<μεν>, οὐκ εἰ πολλὰ τοῖς ἐρωμένοις ἀγαθὰ περιποιεῖ (δῆλα γάρ ἐστι ταῦτά γε πᾶσιν) ἀλλ' εἰ πλείονα καὶ μείζονα τοὺς ἐρῶντας αὐτοὺς ὀνίνησιν· ἐπεί, καίπερ ὢν ἐρωτικὸς ὁ Εὐριπίδης (fr. 663), τὸ σμικρότατον ἀπεθαύμασεν εἰπών,

'ποιητὴν ἄρα
Ἔρως διδάσκει, κἂν ἄμουσος ᾖ τὸ πρίν.'

συνετόν τε γὰρ ποιεῖ, κἂν ῥᾴθυμος ᾖ τὸ πρίν· καὶ ἀνδρεῖον, ᾗ λέλεκται, τὸν ἄτολμον, ὥσπερ οἱ τὰ ξύλα πυρακτοῦντες ἐκ μαλακῶν ἰσχυρὰ ποιοῦσι. δωρητικὸς δὲ καὶ ἁπαλὸς καὶ μεγαλόφρων γίνεται πᾶς ἐραστής, κἂν γλίσχρος ᾖ
C πρότερον, τῆς μικρολογίας καὶ φιλαργυρίας δίκην σιδήρου διὰ πυρὸς ἀνιεμένης· ὥστε χαίρειν τοῖς ἐρωμένοις διδόντας, ὡς παρ' ἑτέρων οὐ χαίρουσιν αὐτοὶ λαμβάνοντες. ἴστε γὰρ δήπου, ὡς Ἀνύτῳ <τῷ> Ἀνθεμίωνος, ἐρῶντι μὲν Ἀλκιβιάδου ξένους δ' ἑστιῶντι φιλοτίμως καὶ λαμπρῶς, ἐπεκώμασεν ὁ Ἀλκιβιάδης καὶ λαβὼν ἀπὸ τῆς τραπέζης εἰς ἥμισυ τῶν ἐκπωμάτων ἀπῆλθεν. ἀχθομένων δὲ τῶν ξένων καὶ λεγόντων 'ὑβριστικῶς σοι κέχρηται καὶ ὑπερηφάνως τὸ μειράκιον,' 'φιλανθρώπως μὲν οὖν' ὁ Ἄνυτος εἶπε· 'πάντα γὰρ ἐξῆν αὐτῷ λαβεῖν, ὁ δὲ κἀμοὶ τοσαῦτα καταλέλοιπεν.'

18. Ἡσθεὶς οὖν ὁ
D Ζεύξιππος, 'ὦ Ἡράκλεις' εἶπεν, 'ὡς ὀλίγου διελύσατο πρὸς Ἄνυτον τὴν ἀπὸ Σωκράτους καὶ φιλοσοφίας πατρικὴν ἔχθραν, εἰ πρᾶος ἦν οὕτω περὶ ἔρωτα καὶ γενναῖος.' 'εἶεν' εἶπεν ὁ πατήρ· 'ἐκ δὲ δυσκόλων καὶ σκυθρωπῶν τοῖς συνοῦσιν οὐ ποιεῖ φιλανθρωποτέρους καὶ ἡδίους; 'αἰθομένου' γὰρ 'πυρὸς γεραρώτερον οἶκον' <ἔστιν> 'ἰδέσθαι καὶ ἄνθρωπον ὡς ἔοικε φαιδρότερον ὑπὸ τῆς ἐρωτικῆς θερμότητος. ἀλλ' οἱ πολλοὶ παράλογόν τι πεπόνθασιν· ἂν μὲν ἐν οἰκίᾳ νύκτωρ σέλας ἴδωσι, θεῖον ἡγοῦνται καὶ θαυμάζουσι· ψυχὴν δὲ μικρὰν καὶ ταπεινὴν καὶ ἀγεννῆ
E ὁρῶντες ἐξαίφνης ὑποπιμπλαμένην φρονήματος, ἐλευθερίας, φιλοτιμίας, χάριτος, ἀφειδίας, οὐκ ἀναγκάζονται λέγειν ὡς ὁ Τηλέμαχος (τ 40)

'ἦ μάλα τις θεὸς ἔνδον'.'

Ἐκεῖνο δ' εἶπεν, 'ὦ Δαφναῖε, πρὸς Χαρίτων οὐ δαιμόνιον; ὅτι τῶν ἄλλων ὁ ἐρωτικὸς ὀλίγου δεῖν ἁπάντων περιφρονῶν, οὐ μόνον ἑταίρων καὶ οἰκείων, ἀλλὰ καὶ νόμων καὶ ἀρχόντων καὶ βασιλέων, φοβούμενος δὲ μηδὲν μηδὲ θαυμάζων μηδὲ θεραπεύων, ἀλλὰ 'καὶ τὸν αἰχματὰν κεραυνὸν' (Pind. Pyth. 1, 5) οἷος ὢν ὑπομένειν, ἅμα τῷ τὸν καλὸν ἰδεῖν

'ἔπτηξ' ἀλέκτωρ δοῦλον ὣς κλίνας πτερόν,' (Phryn. fr. 17)

καὶ τὸ θράσος ἐκκέκλασται καὶ κατακέκοπται [οἱ]
F τὸ τῆς ψυχῆς γαῦρον. Ἄξιον δὲ Σαπφοῦς παρὰ ταῖς Μούσαις μνημονεῦσαι· τὸν μὲν γὰρ Ἡφαίστου παῖδα Ῥωμαῖοι Κᾶκον ἱστοροῦσι πῦρ καὶ φλόγας ἀφιέναι διὰ τοῦ στόματος ἔξω ῥεούσας· αὕτη δ' ἀληθῶς μεμιγμένα πυρὶ φθέγγεται καὶ διὰ τῶν μελῶν

ἀναφέρει τὴν ἀπὸ τῆς καρδίας θερμότητα 'Μούσαις εὐφώνοις ἰωμένη τὸν ἔρωτα' κατὰ Φιλόξενον (fr. 7). ἀλλ' εἴ τι μὴ <διὰ> Λυσάνδραν, ὦ
763 Δαφναῖε, | τῶν παλαιῶν ἐκλέλησαι παιδικῶν, ἀνάμνησον ἡμᾶς, ἐν οἷς ἡ καλὴ Σαπφὼ λέγει τῆς ἐρωμένης ἐπιφανείσης τήν τε φωνὴν ἴσχεσθαι καὶ φλέγεσθαι τὸ σῶμα καὶ καταλαμβάνειν ὠχρότητα καὶ πλάνον αὐτὴν καὶ ἴλιγγον.' λεχθέντων οὖν ὑπὸ τοῦ Δαφναίου τῶν μελῶν ἐκείνων "ὡς ....." (Sapp. fr. 2, 7 ss. I p. 329 D.) ὑπολαβὼν ὁ πατήρ ' ταῦτ' ' εἶπεν, 'ὦ πρὸς τοῦ Διός, <οὐ> θεοληψία καταφανής; οὗτος οὐ δαιμόνιος σάλος τῆς ψυχῆς; τί τοσοῦτον ἡ Πυθία πέπονθεν ἁψαμένη τοῦ τρίποδος; τίνα τῶν ἐνθεαζομένων οὕτως ὁ αὐλὸς καὶ τὰ μητρῷα καὶ τὸ
B τύμπανον ἐξίστησιν; Καὶ μὴν τὸ αὐτὸ σῶμα πολλοὶ καὶ τὸ αὐτὸ κάλλος ὁρῶσιν, εἴληπται δ' εἷς ὁ ἐρωτικός· διὰ τίν' αἰτίαν; οὐ γὰρ μανθάνομέν γέ που τοῦ Μενάνδρου (fr. 541, 7) λέγοντος οὐδὲ συνίεμεν,

'καιρός ἐστιν ἡ νόσος
ψυχῆς, ὁ πληγεὶς δ' ε<ἴσεθ' ᾗ> τιτρώσκεται·'

ἀλλ' ὁ θεὸς αἴτιος τοῦ μὲν καθαψάμενος τὸν δ' ἐάσας.
  Ὁ τοίνυν ἐν ἀρχῇ καιρὸν εἶχε ῥηθῆναι μᾶλλον, οὐδὲ νῦν 'ὅτι νῦν ἦλθεν ἐπὶ στόμα' κατ' Αἰσχύλον (fr. 351), ἄρρητον ἐάσειν μοι δοκῶ· καὶ γάρ ἐστι παμμέγεθες. ἴσως μὲν γάρ, ὦ ἑταῖρε, καὶ τῶν ἄλλων ἁπάντων, ὅσα μὴ δι' αἰσθήσεως ἡμῖν εἰς ἔννοιαν ἥκει, τὰ μὲν μύθῳ τὰ δὲ νόμῳ
C τὰ δὲ λόγῳ πίστιν ἐξ ἀρχῆς ἔσχηκε· τῆς δ' οὖν περὶ θεῶν δόξης παντάπασιν ἡγεμόνες καὶ διδάσκαλοι γεγόνασιν ἡμῖν οἵ τε ποιηταὶ καὶ οἱ νομοθέται καὶ τρίτον οἱ φιλόσοφοι, τὸ μὲν [οὖν] εἶναι θεοὺς ὁμοίως τιθέμενοι, πλήθους δὲ πέρι καὶ τάξεως αὐτῶν οὐσίας τε καὶ δυνάμεως μεγάλα διαφερόμενοι πρὸς ἀλλήλους. ἐκεῖνοι μὲν γὰρ οἱ τῶν φιλοσόφων

'ἄνοσοι καὶ ἀγήραοι
πόνων τ' ἄπειροι, βαρυβόαν
πορθμὸν πεφευγότες Ἀχέροντος'' (Pind. fr. 143)

ὅθεν <οὐ> προσίενται ποιητικὰς Ἔριδας οὐ Λιτάς, οὐ<δὲ> Δεῖμον οὐδὲ Φόβον ἐθέλουσι θεοὺς εἶναι <καὶ> παῖδας Ἄρεος ὁμολογεῖν· μάχονται δὲ περὶ πολλῶν καὶ τοῖς νομοθέταις, ὥσπερ Ξενοφάνης (Α 13) Αἰγυπτίους ἐκέ-
D λευσε τὸν Ὄσιριν, εἰ θνητὸν νομίζουσι, μὴ τιμᾶν ὡς θεόν, εἰ δὲ θεὸν ἡγοῦνται, μὴ θρηνεῖν. αὖθις δὲ ποιηταὶ καὶ νομοθέται, φιλοσόφων ἰδέας τινὰς καὶ ἀριθμοὺς μονάδας τε καὶ πνεύματα θεοὺς ποιουμένων, οὔτ' ἀκούειν ὑπομένουσιν οὔτε συνιέναι δύνανται. 'πολλὴν δ' ὅλως ἀνωμαλίαν ἔχουσιν αἱ δόξαι καὶ διαφοράν. ὥσπερ οὖν ἦσάν ποτε τρεῖς στάσεις Ἀθήνησι, Παράλων Ἐπακρίων Πεδιέων, χαλεπῶς ἔχουσαι καὶ διαφερόμεναι πρὸς ἀλλήλας· ἔπειτα δὲ πάντες ἐν ταὐτῷ γενόμενοι καὶ τὰς ψήφους λαβόντες ἤνεγκαν πάσας Σόλωνι καὶ τοῦτον εἵλοντο κοινῇ

E διαλλακτὴν καὶ ἄρχοντα καὶ νομοθέτην, ὃς ἔδοξε τῆς ἀρετῆς ἔχειν ἀδηρίτως τὸ πρωτεῖον, οὕτως αἱ τρεῖς στάσεις αἱ περὶ θεῶν, διχοφρονοῦσαι καὶ ψῆφον ἄλλην ἄλλη φέρουσαι καὶ μὴ δεχόμεναι ῥᾳδίως τὸν ἐξ ἑτέρας περὶ ἑνὸς βεβαίως ὁμογνωμονοῦσι καὶ κοινῇ τὸν Ἔρωτα συνεγγράφουσιν εἰς θεοὺς ποιητῶν οἱ κράτιστοι καὶ νομοθετῶν καὶ φιλοσόφων 'ἀθρόᾳ φωνᾷ μέγ' ἐπαινέοντες' ὥσπερ ἔφη τὸν Πιττακὸν ὁ Ἀλκαῖος αἱρεῖσθαι τοὺς Μυτιληναίους τύραννον. Ἡμῖν δὲ βασιλεὺς καὶ ἄρχων καὶ ἁρμοστὴς ὁ Ἔρως ὑφ' Ἡσιόδου καὶ Πλάτωνος καὶ Σόλωνος ἀπὸ τοῦ Ἑλικῶνος εἰς τὴν Ἀκαδημίαν ἐστεφανω-
F μένος κατάγεται καὶ κεκοσμημένος εἰσελαύνει πολλαῖς συνωρίσι φιλίας καὶ κοινωνίας, οὐχ οἵαν

Εὐριπίδης (fr. 595) φησὶν 'ἀχαλκεύτοισιν ἐζεῦχθαι πέδαις', ψυχρὰν οὗτός γε καὶ βαρεῖαν ἐν χρείᾳ περιβαλὼν ὑπ' αἰσχύνης ἀνάγκην, ἀλλ' ὑποπτέρου φερομένης ἐπὶ τὰ κάλλιστα τῶν ὄντων καὶ θειότατα, περὶ ὧν ἑτέροις εἴρηται βέλτιον.'

19. Εἰπόντος δὲ ταῦτα τοῦ πατρός, ὁ Σώκλαρος | 764 'ὁρᾷς' εἶπεν 'ὅτι δεύτερον ἤδη τοῖς αὐτοῖς περιπεσών, οὐκ οἶδ' ὅπως βίᾳ σαυτὸν ἀπάγεις καὶ ἀποστρέφεις, οὐ δικαίως χρεωκοπῶν, εἴ γε δεῖ τὸ φαινόμενον εἰπεῖν, ἱερὸν ὄντα τὸν λόγον; καὶ γὰρ ἄρτι τοῦ Πλάτωνος ἅμα καὶ τῶν Αἰγυπτίων ὥσπερ ἄκων ἁψάμενος παρῆλθες καὶ νῦν ταὐτὰ ποιεῖς. τὰ μὲν οὖν 'ἀριζήλως εἰρημένα' (Hom. μ 453) Πλάτωνι, μᾶλλον δὲ ταῖς θεαῖς ταύταις διὰ Πλάτωνος, ὠγαθέ, 'μηδ' ἂν κελεύωμεν εἴπῃς·' ἧ δ' ὑπηνίξω τὸν Αἰγυπτίων μῦθον εἰς ταὐτὰ τοῖς Πλατωνικοῖς συμφέρεσθαι περὶ Ἔρωτος, οὐκ ἔστι σοι μὴ διακαλύψαι μηδὲ δια-
B φῆναι πρὸς ἡμᾶς· ἀγαπήσομεν δέ, κἂν μικρὰ περὶ μεγάλων ἀκούσωμεν." δεομένων δὲ καὶ τῶν ἄλλων ἔφη ὁ πατήρ, ὡς Αἰγύπτιοι δύο μὲν Ἕλλησι παραπλησίως Ἔρωτας, τόν τε πάνδημον καὶ τὸν οὐράνιον, ἴσασι, τρίτον δὲ νομίζουσιν Ἔρωτα τὸν ἥλιον, Ἀφροδίτην * * ἔχουσι μάλα σεβάσμιον. ἡμεῖς δὲ πολλὴν μὲν Ἔρωτος ὁμοιότητα πρὸς τὸν ἥλιον ὁρῶμεν οὖσαν· πῦρ μὲν γὰρ οὐδέτερός ἐστιν ὥσπερ οἴονταί τινες, αὐ<γὴ> δὲ καὶ θερμότης γλυκεῖα καὶ γόνιμος, καὶ ἡ μὲν ἀπ' ἐκείνου φερομένη σώματι παρέχει τροφὴν καὶ φῶς καὶ αὔξησιν, ἡ δ' ἀπὸ τούτου ψυχαῖς. ὡς δ' ἥλιος ἐκ νεφῶν καὶ μετ' ὁμίχλην θερμό-
C τερος, οὕτως Ἔρως μετ᾽ ὀργὰς καὶ ζηλοτυπίας ἐρωμένου διαλλαγέντος ἡδίων καὶ δριμύτερος. ἔτι δ' ὥσπερ ἥλιον ἅπτεσθαι καὶ σβέννυσθαι δοκοῦσιν ἔνιοι, ταὐτὰ καὶ περὶ Ἔρωτος ὡς θνητοῦ καὶ ἀβεβαίου διανοοῦνται. καὶ μὴν οὔτε σώματος ἀγύμναστος ἕξις ἥλιον, οὔτ᾽ Ἔρωτα δύναται φέρειν ἀλύπως τρόπος ἀπαιδεύτου ψυχῆς· ἐξίσταται δ' ὁμοίως ἑκάτερον

καὶ νοσεῖ, τὴν τοῦ θεοῦ δύναμιν οὐ τὴν αὐτοῦ μεμφόμενον ἀσθένειαν. πλὴν ἐκείνη γε δόξειεν ἂν διαφέρειν, ᾗ δείκνυσιν ἥλιος μὲν ἐπίσης τὰ καλὰ καὶ τὰ αἰσχρὰ τοῖς ὁρῶσιν, Ἔρως δὲ μόνων τῶν καλῶν φέγγος ἐστὶ
καὶ πρὸς ταῦτα μόνα τοὺς ἐρῶντας ἀναπείθει
D βλέπειν καὶ στρέφεσθαι, τῶν δ' ἄλλων πάντων περιορᾶν. γῆν δὲ κατ› οὐδὲν * * Ἀφροδίτην καλοῦντες ἅπτονταί τινος ὁμοιότητος· καὶ γὰρ χθονία καὶ οὐρανία καὶ μίξεως χώρα τοῦ ἀθανάτου πρὸς τὸ θνητόν, ἀδρανὴς δὲ καθ' ἑαυτὴν καὶ σκοτώδης ἡλίου μὴ προσλάμποντος, ὥσπερ Ἀφροδίτη μὴ παρόντος Ἔρωτος. ἐοικέναι μὲν οὖν Ἀφροδίτῃ σελήνην ἥλιον δ' Ἔρωτι τῶν ἄλλων θεῶν μᾶλλον εἰκός ἐστιν, οὐ μὴν εἶναί γε παντάπασι τοὺς αὐτούς· οὐ γὰρ ψυχῇ σῶμα ταὐτὸν ἀλλ' ἕτερον, ὥσπερ ἥλιον μὲν ὁρατὸν Ἔρωτα δὲ νοητόν. Εἰ δὲ μὴ δόξει πικρότερον λέγεσθαι, καὶ τἀναντία φαίη τις ἂν ἥλιον Ἔρωτι
E ποιεῖν· ἀποστρέφει γὰρ ἀπὸ τῶν νοητῶν ἐπὶ τὰ αἰσθητὰ τὴν διάνοιαν, χάριτι καὶ λαμπρότητι τῆς ὄψεως γοητεύων καὶ ἀναπείθων ἐν ἑαυτῷ καὶ περὶ αὑτὸν αἰτεῖσθαι τά τ' ἄλλα καὶ τὴν ἀλήθειαν, ἑτέρωθι δὲ μηθέν·

'δυσέρωτες δὴ φαινόμεθ' ὄντες
<τοῦδ', ὅ τι τοῦτο στίλβει> κατὰ γῆν',

ὡς Εὐριπίδης φησί (Hipp. 198 ss.),

'δι' ἀπειροσύνην ἄλλου βιότου',

μᾶλλον δὲ λήθην ὧν ὁ Ἔρως ἀνάμνησίς ἐστιν. ὥσπερ γὰρ εἰς φῶς πολὺ καὶ λαμπρὸν ἀνεγρομένων ἐξοίχεται πάντα τῆς ψυχῆς τὰ καθ' ὕπνους φανέντα καὶ διαπέφευγεν, οὕτω τῶν γενομένων ἐνταῦθα καὶ μεταβαλόντων ἐκπλήτ-

F τειν ἔοικε τὴν μνήμην καὶ φαρμάττειν τὴν διάνοιαν ὁ ἥλιος, ὑφ' ἡδονῆς καὶ θαύματος ἐκλανθανομένων ἐκείνων. καίτοι τό γ' ὕπαρ ὡς ἀληθῶς ἐκεῖ καὶ περὶ ἐκεῖνα τῆς ψυχῆς ἐστι, δευρὶ δὲ . . . τῶν ἐνυπνίων ἀσπάζεται καὶ τέθηπε τὸ κάλλιστον καὶ θειότατον.

'ἀμφὶ δέ οἱ δολόεντα φιλόφρονα χεῦεν ὄνειρα,'

πᾶν ἐνταῦθα πειθομένῃ τὸ καλὸν εἶναι καὶ τίμιον, ἂν μὴ τύχῃ θείου καὶ σώφρονος Ἔρωτος ἰατροῦ καὶ σωτῆρος
765 <ὃς ἐνταῦθα μέν> διὰ σωμάτων ἀφικόμενος ἀγωγὸς | ἐπὶ τὴν ἀλήθειαν ἐξ Ἅιδου δ' εἰς 'τὸ ἀληθείας πεδίον', οὗ τὸ πολὺ καὶ καθαρὸν καὶ ἀψευδὲς ἵδρυται κάλλος, ἀσπάσασθαι καὶ συγγενέσθαι διὰ χρόνου ποθοῦντας ἐξαναφέρων καὶ ἀναπέμπων εὐμενὴς οἷον ἐν τελετῇ παρέστη μυσταγωγός. Ἐνταῦθα δὲ πάλιν πεμπομένων αὐτῇ μὲν οὐ πλησιάζει ψυχῇ καθ' ἑαυτήν, ἀλλὰ διὰ σώματος. ὡς δὲ γεωμέτραι παισὶν οὔπω δυναμένοις ἐφ' ἑαυτῶν τὰ νοητὰ μυηθῆναι τῆς ἀσωμάτου καὶ ἀπαθοῦς οὐσίας εἴδη πλάττοντες ἁπτὰ καὶ ὁρατὰ μιμήματα σφαιρῶν καὶ κύβων καὶ δωδεκαέδρων προτείνουσιν· οὕτως
B ἡμῖν ὁ οὐράνιος Ἔρως ἔσοπτρα καλῶν καλά, θνητὰ μέντοι θείων <καὶ ἀπαθῶν> παθητὰ καὶ νοητῶν αἰσθητὰ μηχανώμενος ἔν τε σχήμασι καὶ χρώμασι καὶ εἴδεσι νέων ὥρᾳ στίλβοντα δείκνυσι καὶ κινεῖ τὴν μνήμην ἀτρέμα διὰ τούτων ἀναφλεγομένην τὸ πρῶτον. ὅθεν διὰ σκαιότητας ἔνιοι φίλων καὶ οἰκείων, σβεννύναι πειρώμενοι βίᾳ καὶ ἀλόγως τὸ πάθος, οὐδὲν ἀπέλαυσαν αὐτοῦ χρηστὸν ἀλλ' ἢ καπνοῦ καὶ ταραχῆς ἐνέπλησαν ἑαυτοὺς ἢ πρὸς ἡδονὰς σκοτίους καὶ παρανόμους ῥυέντες ἀκλεῶς ἐμαράνθησαν. ὅσοι δὲ σώφρονι λογισμῷ μετ' αἰδοῦς οἷον ἀτεχνῶς πυρὸς ἀφεῖλον τὸ μανικόν, αὐγὴν δὲ καὶ φῶς
C ἀπέλιπον τῇ ψυχῇ μετὰ θερμότητος, οὐ σεισμόν, ὡς

τις εἶπε, κινούσης ἐπὶ σπέρμα καὶ ὄλισθον ἀτόμων ὑπὸ λειότητος καὶ γαργαλισμοῦ θλιβομένων, διάχυσιν δὲ θαυμαστὴν καὶ γόνιμον ὥσπερ ἐν φυτῷ βλαστάνοντι καὶ τρεφομένῳ καὶ πόρους ἀνοίγουσαν εὐπειθείας καὶ φιλοφροσύνης, οὐκ ἂν εἴη πολὺς χρόνος, ἐν ᾧ τό τε σῶμα τὸ τῶν ἐρωμένων παρελθόντες ἔσω φέρονται καὶ ἅπτονται τοῦ ἤθους, ἐκκεκαλούμενος τὰς ὄψεις καθορῶσι καὶ συγγίνονται διὰ λόγων τὰ πολλὰ καὶ πράξεων ἀλλήλοις, ἂν περίκομμα τοῦ καλοῦ καὶ εἴδωλον ἐν ταῖς διανοίαις ἔχω-
D σιν· εἰ δὲ μή, χαίρειν ἑῶσι καὶ τρέπονται πρὸς ἑτέρους ὥσπερ αἱ μέλιτται πολλὰ τῶν χλωρῶν καὶ ἀνθηρῶν μέλι δ' οὐκ ἐχόντων ἀπολιπόντες· ὅπου δ' ἂν ἔχωσιν ἴχνος τι τοῦ θείου καὶ ἀπορροὴν καὶ ὁμοιότητα σαίνουσαν, ὑφ' ἡδονῆς καὶ θαύματος ἐνθουσιῶντες καὶ περιέποντες, εὐπαθοῦσι τῇ μνήμῃ καὶ ἀναλάμπουσι πρὸς ἐκεῖνο τὸ ἐράσμιον ἀληθῶς καὶ μακάριον καὶ φίλιον ἅπασι καὶ ἀγαπητόν.'

20. 'Τὰ μὲν οὖν πολλὰ ποιηταὶ προσπαίζοντες ἐοίκασι τῷ θεῷ γράφειν περὶ αὐτοῦ καὶ ᾄδειν ἐπικωμάζοντες, ὀλίγα δὲ εἴρηται μετὰ σπουδῆς αὐτοῖς, εἴτε κατὰ νοῦν καὶ λογισμὸν εἴτε σὺν θεῷ τῆς ἀληθείας ἀψαμένοις· ὧν
E ἕν ἐστι καὶ τὸ περὶ τῆς γενέσεως· (Alcaei fr. 13 b I p. 393 D.)

'δεινότατον θέων
<τὸν> γέννατ' εὐπέδιλλος Ἶρις
χρυσοκόμᾳ Ζεφύρῳ μίγεισα·'

εἰ μή τι καὶ ὑμᾶς ἀναπεπείκασιν οἱ γραμματικοί, λέγοντες πρὸς τὸ ποικίλον τοῦ πάθους καὶ τὸ ἀνθηρὸν γεγονέναι τὴν εἰκασίαν.' καὶ ὁ Δαφναῖος, 'πρὸς τί γάρ' ἔφη 'ἕτερον;' 'ἀκούετ'" εἶπεν ὁ πατήρ· 'οὕτω γὰρ βιάζεται τὸ φαινόμενον λέγειν. ἀνάκλασις δή που τὸ περὶ τὴν ἴριν ἐστι τῆς ὄψεως πάθος,

ὅταν ἡσυχῇ νοτερῷ λείῳ δὲ καὶ μέτριον πάχος ἔχοντι προσπεσοῦσα νέφει τοῦ ἡλίου ψαύσῃ κατ' ἀνάκλασιν, καὶ τὴν περὶ ἐκεῖνον αὐγὴν ὁρῶσα καὶ τὸ F φῶς δόξαν ἡμῖν ἐνεργάσηται τοῦ φαντάσματος ὡς ἐν τῷ νέφει ὄντος. ταὐτὸ δὴ τὸ ἐρωτικὸν μηχάνημα καὶ σόφισμα περὶ τὰς εὐφυεῖς καὶ φιλοκάλους ψυχάς· ἀνάκλασιν ποιεῖ τῆς μνήμης ἀπὸ τῶν ἐνταῦθα φαινομένων καὶ προσαγορευομένων καλῶν εἰς τὸ θεῖον καὶ ἐράσμιον καὶ μακάριον ὡς ἀληθῶς ἐκεῖνο καὶ θαυμάσιον καλόν. ἀλλ' οἱ πολλοὶ μὲν ἐν παισὶ καὶ γυναιξὶν ὥσπερ ἐν κατόπτροις εἴδωλον αὐτοῦ φανταζόμενον διώκοντες καὶ ψηλαφῶν-
766 τες | οὐδὲν ἡδονῆς μεμιγμένης λύπῃ δύνανται λαβεῖν βεβαιότερον· ἀλλ' οὗτος ἔοικεν ὁ τοῦ Ἰξίονος ἴλιγγος εἶναι καὶ πλάνος, ἐν νέφεσι κενὸν ὥσπερ σκιαῖς θηρωμένου τὸ ποθούμενον· ὥσπερ οἱ παῖδες προθυμούμενοι τὴν Ἶριν ἑλεῖν τοῖν χεροῖν, ἑλκόμενοι πρὸς τὸ φαινόμενον. εὐφυοῦς δ' ἐραστοῦ καὶ σώφρονος ἄλλος τρόπος· ἐκεῖ γὰρ ἀνακλᾶται πρὸς τὸ θεῖον καὶ νοητὸν καλόν· ὁρατοῦ δὲ σώματος ἐντυχὼν κάλλει καὶ χρώμενος οἷον ὀργάνῳ τινὶ τῆς μνήμης ἀσπάζεται καὶ ἀγαπᾷ, καὶ συνὼν καὶ γεγηθὼς ἔτι μᾶλλον ἐκφλέγεται τὴν διάνοιαν. Καὶ οὔτε μετὰ σωμάτων ὄντες ἐνταῦθα τουτὶ τὸ φῶς ἐπιποθοῦντες κάθηνται
B καὶ θαυμάζοντες, οὔτ' ἐκεῖ γενόμενοι μετὰ τὴν τελευτήν, δεῦρο πάλιν στρεφόμενοι καὶ δραπετεύοντες ἐν θύραις νεογάμων καὶ δωματίοις κυλινδοῦνται, δυσόνειρα φαντάσματα φιληδόνων καὶ φιλοσωμάτων ἀνδρῶν καὶ γυναικῶν οὐ δικαίως ἐρωτικῶν προσαγορευομένων. ὁ γὰρ ὡς ἀληθῶς ἐρωτικὸς ἐκεῖ γενόμενος καὶ τοῖς καλοῖς ὁμιλήσας, ᾗ θέμις, ἐπτέρωται καὶ κατωργίασται καὶ διατελεῖ περὶ τὸν αὑτοῦ θεὸν ἄνω χορεύων καὶ συμπεριπολῶν, ἄχρις οὗ πάλιν εἰς τοὺς Σελήνης καὶ Ἀφροδίτης λειμῶνας ἐλθὼν καὶ καταδαρθὼν ἑτέρας ἄρχηται γενέσεως.'

Ἀλλὰ ταῦτα μέν' ἔφη 'μείζονας ἔχει τῶν παρόντων λό-
C γων ὑποθέσεις. τῷ δ' Ἔρωτι καὶ τοῦτο καθάπερ τοῖς ἄλλοις θεοῖς 'ἔνεστιν' ὡς Εὐριπίδης (Hipp. 7 s.) φησί 'τιμωμένῳ χαίρειν ἀνθρώπων ὕπο' καὶ τοὐναντίον· εὐμενέστατος γάρ ἐστι τοῖς δεχομένοις ἐμμελῶς αὐτὸν βαρὺς δὲ τοῖς ἀπαυθαδισαμένοις. οὔτε γὰρ ξένων καὶ ἱκετῶν ἀδικίας ὁ Ξένιος οὔτε γονέων ἀρὰς ὁ Γενέθλιος οὕτω διώκει καὶ μέτεισι ταχέως ὡς ἐρασταῖς ἀγνωμονηθεῖσιν ὁ Ἔρως ὀξὺς ὑπακούει, τῶν ἀπαιδεύτων καὶ ὑπερηφάνων κολαστής. τί γὰρ ἂν λέγοι τις Εὐξύνθετον καὶ Λευκοκόμαν; τί δὲ τὴν ἐν Κύπρῳ Παρακύπτουσαν ἔτι νῦν προσαγορευομένην; ἀλλὰ τὴν Γοργοῦς ἴσως ποινὴν οὐκ ἀκηκόατε
D τῆς Κρήσσης, παραπλήσια τῇ Παρακυπτούσῃ παθούσης· πλὴν ἐκείνη μὲν ἀπελιθώθη παρακύψασα τὸν ἐραστὴν ἰδεῖν ἐκκομιζόμενον. τῆς δὲ Γοργοῦς Ἄσανδρός τις ἠράσθη, νέος ἐπιεικὴς καὶ γένει λαμπρός, ἐκ δὲ λαμπρῶν εἰς ταπεινὰ πράγματα καὶ εὐτελῆ ἀφιγμένος, ὅμως αὑτὸν οὐδενὸς ἀπηξιοῦτο, ἀλλὰ τὴν Γοργώ, διὰ πλοῦτον ὡς ἔοικε περιμάχητον οὖσαν καὶ πολυμνήστευτον, ᾔτει γυναῖκα συγγενὴς ὤν, πολλοὺς ἔχων καὶ ἀγαθοὺς συνερῶντας αὐτῷ, πάντας δὲ τοὺς περὶ τὴν κόρην ἐπιτρόπους καὶ οἰκείους πεπεικὼς *
* *

21. Ἔτι τοίνυν ἃς λέγουσιν αἰτίας καὶ γενέσεις Ἔρω-
E τος, ἴδιαι μὲν οὐδετέρου γένους εἰσί κοιναὶ δ' ἀμφοτέρων. καὶ γὰρ εἴδωλα δήπουθεν ἐνδυόμενα τοῖς ἐρωτικοῖς καὶ διατρέχοντα κινεῖν καὶ γαργαλίζειν τὸν ὄγκον εἰς σπέρμα συνολισθαίνοντα τοῖς ἄλλοις σχηματισμοῖς οὐ δυνατὸν μὲν ἀπὸ παίδων, [ἁ] δυνατὸν δ' ἀπὸ γυναικῶν; καὶ τὰς καλὰς ταύτας καὶ ἱερὰς ἃς ἀναμνήσεις καλοῦμεν ἡμεῖς ἐπὶ τὸ θεῖον καὶ ἀληθινὸν καὶ ὀλύμπιον ἐκεῖνο κάλλος, αἷς ψυχὴ πτεροῦται, . . τί . . . κωλύει γίνεσθαι μὲν ἀπὸ παίδων

καὶ ἀπὸ νεανίσκων, γίνεσθαι δ' ἀπὸ παρθένων καὶ γυναικῶν, ὅταν ἦθος ἁγνὸν καὶ κόσμιον ἐν ὥρᾳ καὶ F χάριτι μορφῆς διαφανὲς γένηται, καθάπερ ὄρθιον ὑπόδημα δείκνυσι ποδὸς εὐφυΐαν, ὡς Ἀρίστων (St. V. Fr. I 390) ἔλεγεν· <ἢ> ὅταν ἐν εἴδεσι καλοῖς καὶ καθαροῖς σώμασιν ἴχνη λαμπρᾶς κείμενα ψυχῆς ὀρθὰ καὶ ἄθρυπτα κατίδωσιν οἱ δεινοὶ τῶν τοιούτων αἰσθάνεσθαι; οὐ γὰρ ὁ μὲν φιλήδονος ἐρωτηθεὶς εἰ (Tr. ad. 355, Com. adesp. 360)

'πρὸς θῆλυ νεύει μᾶλλον ἢ ἐπὶ τἄρρενα' |

767 καὶ ἀποκρινάμενος,

'ὅπου προσῇ τὸ κάλλος, ἀμφιδέξιος,'

ἔδοξεν οἰκείως ἀποκρίνασθαι τῆς ἐπιθυμίας· ὁ δὲ φιλόκαλος καὶ γενναῖος οὐ πρὸς τὸ καλὸν οὐδὲ τὴν εὐφυΐαν ἀλλὰ μορίων διαφορὰς ποιεῖται τοὺς ἔρωτας· καὶ φίλιππος μὲν ἀνὴρ οὐδὲν ἧττον ἀσπάζεται τοῦ Ποδάργου τὴν εὐφυΐαν [ἢ] 'Αἴθης τῆς Ἀγαμεμνονέης'· (Ψ 295) καὶ θηρατικὸς οὐ τοῖς ἄρρεσι χαίρει μόνον, ἀλλὰ καὶ Κρήσσας τρέφει καὶ Λακαίνας σκύλακας· ὁ δὲ φιλόκαλος καὶ φιλάνθρωπος οὐχ ὁμαλός ἐστιν οὐδ' ὅμοιος ἀμφοτέροις τοῖς γένεσιν, ἀλλ' ὥσπερ ἱματίων οἰόμενος εἶναι διαφορὰς
B ἐρώτων γυναικῶν καὶ ἀνδρῶν; καίτοι τήν γ' ὥραν 'ἄνθος ἀρετῆς' εἶναι λέγουσι (St. V. Fr. III 718), μὴ φάναι δ' ἀνθεῖν τὸ θῆλυ μηδὲ ποιεῖν ἔμφασιν εὐφυΐας πρὸς ἀρετὴν ἄτοπόν ἐστι· καὶ γὰρ Αἰσχύλος ὀρθῶς ἐποίησε (fr. 243)

'νέας γυναικὸς οὔ με μὴ λάθῃ φλέγων ὀφθαλμός, ἥτις ἀνδρὸς ᾖ γεγευμένη.'

πότερον οὖν ἰταμοῦ μὲν ἤθους καὶ ἀκολάστου καὶ διεφθορότος σημεῖα τοῖς εἴδεσι τῶν γυναικῶν

ἐπιτρέχει, κοσμίου δὲ καὶ σώφρονος οὐδὲν ἔπεστι τῇ μορφῇ φέγγος; <ἢ> πολλὰ μὲν ἔπεστι καὶ συνεπιφαίνεται, κινεῖ δ' οὔθὲν οὐδὲ προσκαλεῖται τὸν ἔρωτα; οὐδέτερον γὰρ εὔλογον οὐδ' ἀληθές.'
C Ἀλλὰ κοινῶς ὥσπερ δέδεικται τοῖς γένεσι πάντων ὑπαρχόντων, ὥσπερ κοινοῦ συστάντος <αὐτοῖς τοῦ ἀγῶνος>, ὦ Δαφναῖε, πρὸς ἐκείνους μαχώμεθα τοὺς λόγους, οὓς ὁ Ζεύξιππος ἀρτίως διῆλθεν, ἐπιθυμίᾳ τὸν Ἔρωτα ταὐτὸ ποιῶν ἀκαταστάτῳ καὶ πρὸς τὸ ἀκόλαστον ἐκφερούσῃ τὴν ψυχήν, οὐκ αὐτὸς οὕτω πεπεισμένος, ἀκηκοὼς δὲ πολλάκις ἀνδρῶν δυσκόλων καὶ ἀνεράστων· <ὧν> οἱ μὲν ἄθλια γύναια προικιδίοις ἐφελκόμενοι, μετὰ χρημάτων εἰς οἰκονομίαν καὶ λογισμοὺς ἐμβάλλοντες ἀνελευθέρους, ζυγομαχοῦντες ὁσημέραι διὰ χειρὸς ἔχουσιν· οἱ
D δὲ παίδων δεόμενοι μᾶλλον ἢ γυναικῶν, ὥσπερ οἱ τέττιγες εἰς σκίλλαν ἤ τι τοιοῦτο τὴν γονὴν ἀφιᾶσιν, οὕτω διὰ τάχους οἷς ἔτυχε σώμασιν ἐναπογεννήσαντες καὶ καρπὸν ἀράμενοι χαίρειν ἐῶσιν ἤδη τὸν γάμον, ἢ μένοντος οὐ φροντίζουσιν οὐδ' ἀξιοῦσιν ἐρᾶν οὐδ' ἐρᾶσθαι. στέργεσθαι δὲ καὶ στέργειν ἑνί μοι δοκεῖ γράμματι τοῦ στέγειν παραλλάττον εὐθὺς ἐμφαίνειν τὴν ὑπὸ χρόνου καὶ συνηθείας ἀνάγκῃ μεμιγμένην εὔνοιαν. Ὧι δ' ἂν Ἔρως ἐπισκήψῃ . . . καὶ ἐπιπνεύσῃ, πρῶτον μὲν ἐκ τῆς Πλατωνικῆς πόλεως (Rep. V 462 c) 'τὸ ἐμὸν' ἕξει καὶ 'τὸ οὐκ ἐμόν'· οὐ γὰρ ἁπλῶς 'κοινὰ τὰ φίλων' <οὐδὲ πάντων> ἀλλ' οἵ
E τοῖς σώμασιν ὁριζόμενοι τὰς ψυχὰς βίᾳ συνάγουσι καὶ συντήκουσι, μήτε βουλόμενοι δύ' εἶναι μήτε νομίζοντες. Ἔπειτα σωφροσύνη πρὸς ἀλλήλους, ἧς μάλιστα δεῖται γάμος, ἡ μὲν ἔξωθεν καὶ νόμων . . . πλέον ἔχουσα τοῦ ἑκουσίου τὸ βεβιασμένον ὑπ' αἰσχύνης καὶ φόβων,

'πολλῶν χαλινῶν ἔργον οἰάκων θ' ἅμα' (Soph. fr. 785),

διὰ χειρός ἐστιν ἀεὶ τοῖς συνοῦσιν· Ἔρωτι δ' ἐγκρατείας τοσοῦτον καὶ κόσμου καὶ πίστεως μέτεστιν, ὥστε, κἂν ἀκολάστου ποτὲ θίγῃ ψυχῆς, ἀπέστρεψε τῶν ἄλλων ἐραστῶν, ἐκκόψας δὲ τὸ θράσος καὶ κατακλάσας τὸ σοβαρὸν καὶ ἀνάγωγον, ἐμβαλὼν <δ'> αἰδῶ καὶ σιωπὴν καὶ ἡσυχίαν καὶ σχῆμα περιθεὶς κόσμιον, ἑνὸς ἐπήκοον ἐποίησεν.

F ἴστε δήπουθεν ἀκοῇ Λαΐδα τὴν ἀοίδιμον ἐκείνην καὶ πολυήρατον, ὡς ἐπέφλεγε πόθῳ τὴν Ἑλλάδα, μᾶλλον δὲ ταῖς δυσὶν ἦν περιμάχητος θαλάσσαις· ἐπεὶ δ' Ἔρως ἔθιγεν αὐτῆς Ἱππολόχου τοῦ Θεσσαλοῦ, τὸν 'ὕδατι χλωρῷ κατακλυζόμενον προλιποῦσ' Ἀκροκόρινθον' (Eur. fr. 1084) καὶ ἀποδρᾶσα τῶν ἄλλων ἐραστῶν κρύφα . . . μέγαν στρα-
768 τὸν ᾤχετο κοσμίως· | ἐκεῖ δ' αὐτὴν αἱ γυναῖκες ὑπὸ φθόνου καὶ ζήλου διὰ τὸ κάλλος εἰς ἱερὸν Ἀφροδίτης προαγαγοῦσαι κατέλευσαν καὶ διέφθειραν· ὅθεν ὡς ἔοικεν ἔτι νῦν τὸ ἱερὸν 'Ἀφροδίτης ἀνδροφόνου' καλοῦσιν. ἴσμεν δὲ καὶ θεραπαινίδια δεσποτῶν φεύγοντα συνουσίας καὶ βασιλίδων ὑπερορῶντας ἰδιώτας, ὅταν Ἔρωτα δεσπότην ἐν ψυχῇ κτήσωνται. καθάπερ γὰρ ἐν Ῥώμῃ φασὶ τοῦ καλου<μένου> δικτάτωρος ἀναγορευθέντος ἀποτίθεσθαι τὰς ἄλλας ἀρχὰς τοὺς ἔχοντας, οὕτως, οἷς ἂν Ἔρως κύριος ἐγγένηται, τῶν ἄλλων δεσποτῶν καὶ ἀρχόντων ἐλεύθεροι καὶ ἄφετοι καθάπερ ἱερόδουλοι διατελοῦσιν. Ἡ δὲ γεν-
B ναία γυνὴ πρὸς ἄνδρα νόμιμον συγκραθεῖσα δι' Ἔρωτος ἄρκτων ἂν ὑπομείνειε καὶ δρακόντων περιβολὰς μᾶλλον ἢ ψαῦσιν ἀνδρὸς ἀλλοτρίου καὶ συγκατάκλισιν.

22. ἀφθονίας δὲ παραδειγμάτων οὔσης πρός γ' ὑμᾶς τοὺς ὁμοχώρους τοῦ θεοῦ καὶ θιασώτας, ὅμως τὸ περὶ Κάμμαν οὐκ ἄξιόν ἐστι τὴν Γαλατικὴν παρελθεῖν. ταύτης γὰρ ἐκπρεπεστάτης τὴν ὄψιν γενομένης, Σινάτῳ δὲ τῷ τετράρχῃ γαμηθείσης,

Σινόριξ ἐρασθεὶς δυνατώτατος Γαλατῶν ἀπέκτεινε τὸν Σινάτον, ὡς οὔτε βιάσασθαι δυνάμενος οὔτε πεῖσαι τὴν ἄνθρωπον ἐκείνου ζῶντος. ἦν δὲ
C τῇ Κάμμῃ καταφυγὴ καὶ παραμυθία τοῦ πάθους ἱερωσύνη πατρῴος Ἀρτέμιδος· καὶ τὰ πολλὰ παρὰ τῇ θεῷ διέτριβεν, οὐδένα προσιεμένη, μνωμένων πολλῶν βασιλέων καὶ δυναστῶν αὐτήν. τοῦ μέντοι Σινόριγος τολμήσαντος ἐντυχεῖν περὶ γάμου, τὴν πεῖραν οὐκ ἔφυγεν οὐδ' ἐμέμψατο περὶ τῶν γεγονότων, ὡς δι' εὔνοιαν αὐτῆς καὶ πόθον οὐκ ἄλλῃ τινὶ μοχθηρίᾳ προαχθέντος τοῦ Σινόριγος. ἧκεν οὖν πιστεύσας ἐκεῖνος καὶ ᾔτει τὸν γάμον· ἡ δ' ἀπήντησε καὶ δεξιωσαμένη καὶ προσαγαγοῦσα τῷ βωμῷ τῆς θεᾶς ἔσπεισεν ἐκ φιάλης μελίκρατον, ὡς ἔοικε, πεφαρμακωμένον· εἶθ' ὅσον ἥμισυ μέρος αὐτὴ προεκ-
D πιοῦσα παρέδωκε τῷ Γαλάτῃ τὸ λοιπόν· ὡς δ' εἶδεν ἐκπεπωκότα, λαμπρὸν ἀνωλόλυξε καὶ φθεγξαμένη τοὔνομα τοῦ τεθνεῶτος 'ταύτην' εἶπεν 'ἐγὼ τὴν ἡμέραν, ὦ φίλτατ' ἄνερ, προσμένουσα σοῦ χωρὶς ἔζων ἀνιαρῶς· νῦν δὲ κόμισαί με χαίρων· ἠμυνάμην γὰρ ὑπὲρ σοῦ τὸν κάκιστον ἀνθρώπων, σοὶ μὲν βίου τούτῳ δὲ θανάτου κοινωνὸς ἡδέως γενομένη.' ὁ μὲν οὖν Σινόριξ ἐν φορείῳ κομιζόμενος μετὰ μικρὸν ἐτελεύτησεν, ἡ δὲ Κάμμα τὴν ἡμέραν ἐπιβιώσασα καὶ τὴν νύκτα λέγεται μάλ' εὐθαρσῶς καὶ ἱλαρῶς ἀποθανεῖν.'

23. 'Πολλῶν δὲ τοιούτων γεγονότων καὶ παρ' ἡμῖν καὶ
E παρὰ τοῖς βαρβάροις, τίς <ἂν> ἀνάσχοιτο τῶν τὴν Ἀφροδίτην λοιδορούντων, ὡς Ἔρωτι προσθεμένη καὶ παροῦσα κωλύει φιλίαν γενέσθαι; τὴν μὲν πρὸς ἄρρεν' ἄρρενος ὁμιλίαν, μᾶλλον δ' ἀκρασίαν καὶ ἐπιπήδησιν, εἴποι τις ἂν ἐννοήσας

'ὕβρις τάδ' οὐχὶ Κύπρις ἐξεργάζεται' (Tr. adesp. 409).

διὸ τοὺς μὲν ἡδομένους τῷ πάσχειν εἰς τὸ χείριστον τιθέμενοι γένος κακίας οὔτε πίστεως μοῖραν οὔτ' αἰδοῦς οὔτε φιλίας νέμομεν, ἀλλ' ὡς ἀληθῶς κατὰ τὸν Σοφοκλέα (fr. 779)

'φίλων τοιούτων οἱ μὲν ἐστερημένοι
[καὶ] χαίρουσιν, οἱ δ' ἔχοντες εὔχονται φυγεῖν.'

ὅσοι δὲ μὴ κακοὶ πεφυκότες ἐξηπατήθησαν ἢ κατεβιά-
F σθησαν ἐνδοῦναι καὶ παρασχεῖν ἑαυτούς, οὐδένα μᾶλλον ἀνθρώπων ἢ τοὺς διαθέντας ὑφορώμενοι καὶ μισοῦντες διατελοῦσι καὶ πικρῶς ἀμύνονται καιροῦ παραδόντος· Ἀρχέλαόν τε γὰρ ἀπέκτεινε Κρατέας ἐρώμενος γεγονώς, καὶ τὸν Φεραῖον Ἀλέξανδρον Πυθόλαος· Περίανδρος δ' ὁ Ἀμβρακιωτῶν τύραννος ἠρώτα τὸν ἐρώμενον εἰ μήπω κυεῖ, κἀκεῖνος παροξυνθεὶς ἀπέκτεινεν αὐτόν. ἀλλὰ γυ-
769 ναιξί γε <καὶ> γαμέταις | ἀρχαὶ ταῦτα φιλίας, ὥσπερ ἱερῶν μεγάλων κοινωνήματα. καὶ τὸ τῆς ἡδονῆς μικρόν, ἡ δ' ἀπὸ ταύτης ἀναβλαστάνουσα καθ' ἡμέραν τιμὴ καὶ χάρις καὶ ἀγάπησις ἀλλήλων καὶ πίστις οὔτε Δελφοὺς ἐλέγχει ληροῦντας, ὅτι τὴν Ἀφροδίτην 'Ἅρμα' καλοῦσιν, οὔθ' Ὅμηρον 'φιλότητα' τὴν τοιαύτην προσαγορεύοντα συνουσίαν· τόν τε Σόλωνα μαρτυρεῖ γεγονέναι τῶν γαμικῶν ἐμπειρότατον νομοθέτην, κελεύσαντα μὴ ἔλαττον ἢ τρὶς κατὰ μῆνα τῇ γαμετῇ πλησιάζειν, οὐχ ἡδονῆς ἕνεκα <δή>πουθεν, ἀλλ' ὥσπερ αἱ πόλεις διὰ χρόνου σπονδὰς
B ἀνανεοῦνται πρὸς ἀλλήλας, οὕτως ἄρα βουλόμενον ἀνανεοῦσθαι τὸν γάμον ἐκ τῶν ἑκάστοτε συλλεγομένων σχημάτων ἐν τῇ τοιαύτῃ φιλοφροσύνῃ. 'ἀλλὰ πολλὰ φαῦλα καὶ μανικὰ τῶν γυναικείων ἐρώτων·' τί δ' οὐχὶ πλείονα τῶν παιδικῶν;

'οἰκειότητος εἶδος ἐμβλέπων ὠλίσθανον.'
'ἀγένειος ἁπαλὸς καὶ νεανίας καλός·'
'ἐμφύντ' ἀποθανεῖν κἀπιγράμματος τυχεῖν.'
(Com. adesp. 222-224)

ἀλλ' ὥσπερ τοῦτο παιδομανία, <οὕτως ἐκεῖνο γυναικομανία> τὸ πάθος, οὐδέτερον δ' ἔρως ἐστίν. Ἄτοπον οὖν τὸ γυναιξὶν ἀρετῆς φάναι μηδαμῇ μετεῖναι· τί δὲ δεῖ λέγειν περὶ σωφροσύνης καὶ συνέσεως αὐτῶν, ἔτι δὲ πίστεως καὶ δικαιοσύνης, ὅπου καὶ τὸ ἀνδρεῖον καὶ τὸ
C θαρραλέον καὶ τὸ μεγαλόψυχον ἐν πολλαῖς ἐπιφανὲς γέγονε δὲ πρὸς τἆλλα καλὴν κατὰ τὴν φύσιν αὐτῶν, ἀλλὰ ἢ ψέγοντας εἰς μόνην φιλίαν ἀνάρμοστον ἀποφαίνειν, παντάπασι δεινόν. καὶ γὰρ φιλότεκνοι καὶ φίλανδροι καὶ τὸ στερκτικὸν ὅλως ἐν αὐταῖς, ὥσπερ εὐφυὴς χώρα καὶ δεκτικὴ φιλίας, οὔτε πειθοῦς οὔτε χαρίτων ἄμοιρον ὑπόκειται. καθάπερ δὲ λόγῳ ποίησις ἡδύσματα μέλη καὶ μέτρα καὶ ῥυθμοὺς ἐφαρμόσασα καὶ τὸ παιδεῦον αὐτοῦ κινητικώτερον ἐποίησε καὶ τὸ βλάπτον ἀφυλακτότερον, οὕτως ἡ φύσις γυναικὶ περιθεῖσα χάριν ὄψεως καὶ φωνῆς πιθανότητα καὶ μορφῆς ἐπαγωγὸν εἶδος, τῇ μὲν ἀκολάστῳ

D πρὸς ἡδονὴν καὶ ἀπάτην τῇ δὲ σώφρονι πρὸς εὔνοιαν ἀνδρὸς καὶ φιλίαν μεγάλα συνήργησεν. ὁ μὲν οὖν Πλάτων τὸν Ξενοκράτη, τἆλλα γενναῖον ὄντα καὶ μέγαν, αὐστηρότατον δὲ τῷ ἤθει, παρεκάλει θύειν ταῖς Χάρισι. χρηστῇ δ' ἄν τις γυναικὶ καὶ σώφρονι παραινέσειε τῷ Ἔρωτι θύειν, ὅπως εὐμενὴς συνοικουρῇ τῷ γάμῳ καὶ ἡδὺς . . . γυναικείοις, καὶ μὴ πρὸς ἑτέραν ἀπορρυεὶς ὁ ἀνὴρ ἀναγκάζηται τὰς ἐκ τῆς κωμῳδίας λέγειν φωνάς (Com. adesp. 221)

'οἵαν ἀδικῶ γυναῖχ' ὁ δυσδαίμων ἐγώ.'

τὸ γὰρ ἐρᾶν ἐν γάμῳ τοῦ ἐρᾶσθαι μεῖζον ἀγαθόν ἐστι·
Ε πολλῶν γὰρ ἁμαρτημάτων ἀπαλλάττει, μᾶλλον δὲ πάντων ὅσα διαφθείρει καὶ λυμαίνεται τὸν γάμον.'

24. 'Τὸ δ' ἐμπαθὲς ἐν ἀρχῇ καὶ δάκνον, ὦ μακάριε Ζεύξιππε, μὴ φοβηθῇς ὡς ἕλκος ἢ ὀδαξησμόν· καίτοι καὶ μεθ' ἕλκους ἴσως οὐδὲν [ἢ] δεινὸν ὥσπερ τὰ δένδρα συμφυῆ γενέσθαι πρὸς γυναῖκα χρηστήν. ἕλκωσις δὲ καὶ κυήσεως ἀρχή· μῖξις γὰρ οὐκ ἔστι τῶν μὴ πρὸς ἄλληλα πεπονθότων. ταράττει δὲ καὶ μαθήματα παῖδας ἀρχομένους καὶ φιλοσοφία νέους· ἀλλ' οὔτε τούτοις ἀεὶ παραμένει τὸ δηκτικὸν οὔτε τοῖς ἐρῶσιν, ἀλλ' ὥσπερ ὑγρῶν
F πρὸς ἄλληλα συμπεσόντων ποιεῖν τινα δοκεῖ ζέσιν ἐν ἀρχῇ καὶ τάραξιν ὁ Ἔρως, εἶτα χρόνῳ καταστὰς καὶ καθαρθεὶς τὴν βεβαιοτάτην διάθεσιν παρέσχεν. αὕτη γάρ ἐστιν ὡς ἀληθῶς ἡ δι' ὅλων λεγομένη κρᾶσις, ἡ τῶν ἐρώντων· <ἡ δὲ τῶν> ἄλλως συμβιούντων ταῖς κατ' Ἐπίκουρον ἀφαῖς καὶ περιπλοκαῖς ἔοικε, συγκρούσεις λαμβάνουσα καὶ ἀποπηδήσεις, ἑνότητα δ' οὐ ποιοῦσα
770 τοιαύτην, οἵαν Ἔρως ποιεῖ | γαμικῆς κοινωνίας ἐπιλαβόμενος. οὔτε γὰρ ἡδοναὶ μείζονες ἀπ' ἄλλων οὔτε χρεῖαι συνεχέστεραι πρὸς ἄλλους οὔτε φιλίας τὸ καλὸν ἑτέρας ἔνδοξον οὕτω καὶ ζηλωτόν, ὡς

     'ὅθ' ὁμοφρονέοντε νοήμασιν οἶκον ἔχητον
ἀνὴρ ἠδὲ γυνή' (ζ 183).

καὶ γὰρ ὁ νόμος βοηθεῖ καὶ γεννήσεως κοινῆς <ἕνεκα> καὶ τοὺς θεοὺς Ἔρωτος ἡ φύσις ἀποδείκνυσι δεομένους. οὕτω γὰρ 'ἐρᾶν μὲν ὄμβρου γαῖαν' οἱ ποιηταὶ (Eur. fr. 898,7) λέγουσι καὶ γῆς οὐρανόν, ἐρᾶν δ' ἡλίου σελήνην οἱ φυσικοὶ καὶ συγγίνεσθαι καὶ κυεῖσθαι· καὶ γῆν δ' ἀνθρώπων μητέρα καὶ ζώων καὶ φυτῶν ἁπάντων γένεσιν οὐκ ἀναγκαῖον ἀπολέσθαι ποτὲ
καὶ σβεσθῆναι παντάπασιν,

B ὅταν ὁ δεινὸς ἔρως καὶ ἵμερος τοῦ θεοῦ τὴν ὕλην ἀπολίπῃ καὶ παύσηται ποθοῦσα καὶ διώκουσα τὴν ἐκεῖθεν ἀρχὴν καὶ κίνησιν·'

Ἀλλ' ἵνα μὴ μακρὰν ἀποπλανᾶσθαι δοκῶμεν ἢ κομιδῇ φλυαρεῖν, οἶσθα τοὺς παιδικοὺς ἔρωτας ὡς <εἰς> ἀβεβαιότητα πολλὰ ψέγουσι καὶ σκώπτουσι, λέγοντες ὥσπερ ᾠὸν αὐτῶν τριχὶ διαιρεῖσθαι τὴν φιλίαν, αὐτοὺς δὲ νομάδων δίκην ἐνεαρίζοντας τοῖς τεθηλόσι καὶ ἀνθηροῖς εὐθὺς <ὡς> ἐκ γῆς πολεμίας ἀναστρατοπεδεύειν· ἔτι δὲ φορτικώτερον ὁ σοφιστὴς Βίων τὰς τῶν καλῶν τρίχας Ἁρμοδίους ἐκάλει καὶ Ἀριστογείτονας, ὡς ἅμα καλῆς τυραννίδος

C ἀπαλλαττομένους ὑπ' αὐτῶν τοὺς ἐραστάς. ταῦτα μὲν οὐ δικαίως κατηγορεῖται τῶν γνησίων ἐραστῶν· τὰ δ' ὑπ' Εὐριπίδου ῥηθέντ' ἐστὶ κομψά· ἔφη γὰρ Ἀγάθωνα τὸν καλὸν ἤδη γενειῶντα περιβάλλων καὶ κατασπαζόμενος, ὅτι τῶν καλῶν καλὸν καὶ τὸ μετόπωρον <καλόν>. * * ἐκδέχεται μόνον . . . οὐδ' πολιῶσα ἀκμάζων καὶ ῥυτίσιν, ἀλλ' ἄχρι τάφων καὶ μνημάτων παραμένει. καὶ συζυγίας ὀλίγας ἔστι παιδικῶν, μυρίας δὲ γυναικείων ἐρώτων καταριθμήσασθαι, πάσης πίστεως κοινωνίαν πιστῶς ἅμα καὶ προθύμως συνδιαφερούσας· βούλομαι δ' ἕν τι τῶν καθ' ἡμᾶς ἐπὶ Καίσαρος Οὐεσπασιανοῦ γεγονότων διελθεῖν.'

D 25. 'Κιουίλιος γάρ, ὁ τὴν ἐν Γαλατίᾳ κινήσας ἀπόστασιν, ἄλλους τε πολλοὺς ὡς εἰκὸς ἔσχε κοινωνοὺς καὶ Σαβῖνον ἄνδρα νέον οὐκ ἀγεννῆ, πλούτῳ δὲ καὶ δόξῃ Γαλατῶν πάντων ἐπιφανέστατον. ἁψάμενοι δὲ πραγμάτων μεγάλων ἐσφάλησαν καὶ δίκην δώσειν προσδοκῶντες οἱ μὲν αὐτοὺς ἀνήρουν, οἱ δὲ φεύγοντες ἡλίσκοντο. τῷ δὲ Σαβίνῳ τὰ μὲν ἄλλα πράγματα ῥᾳδίως παρεῖχεν ἐκποδὼν γενέσθαι καὶ καταφυγεῖν εἰς τοὺς βαρβάρους· ἦν δὲ γυναῖκα πασῶν ἀρίστην ἠγμένος, ἣν ἐκεῖ μὲν Ἐμπονὴν ἐκάλουν, Ἑλληνιστὶ δ' ἄν τις Ἡρωΐδα προσαγορεύσειεν·

E <ἢ> οὔτ' ἀπολιπεῖν δυνατὸς ἦν οὔτε μεθ' ἑαυτοῦ κομίζειν. ἔχων οὖν κατ' ἀγρὸν ἀποθήκας χρημάτων ὀρυκτὰς ὑπογείους, ἃς δύο μόνοι τῶν ἀπελευθέρων συνῄδεσαν, τοὺς μὲν ἄλλους ἀπήλλαξεν οἰκέτας, ὡς μέλλων φαρμάκοις ἀναιρεῖν ἑαυτόν, δύο δὲ πιστοὺς παραλαβὼν εἰς τὰ ὑπόγεια κατέβη· πρὸς δὲ τὴν γυναῖκα Μαρτιάλιον ἔπεμψεν ἀπελεύθερον ἀπαγγελοῦντα τεθνάναι μὲν ὑπὸ φαρμάκων, συμπεφλέχθαι δὲ μετὰ τοῦ σώματος τὴν ἔπαυλιν· ἐβούλετο γὰρ τῷ <πένθει χρῆσθαι> τῆς γυναικὸς ἀληθινῷ πρὸς πίστιν τῆς λεγομένης τελευτῆς. ὃ καὶ συνέβη· ῥίψασα γάρ, ὅπως ἔτυχε, τὸ σῶμα μετ' <οἴκτων>
F καὶ ὀλοφυρμῶν ἡμέρας τρεῖς καὶ νύκτας ἄσιτος διεκαρτέρησε. ταῦτα δ' ὁ Σαβῖνος πυνθανόμενος καὶ φοβηθείς, μὴ διαφθείρῃ παντάπασιν ἑαυτήν, ἐκέλευσε φράσαι κρύφα τὸν Μαρτιάλιον πρὸς αὐτήν, ὅτι ζῇ καὶ κρύπτεται, δεῖται δ' αὐτῆς ὀλίγον ἐμμεῖναι τῷ πένθει
771 καὶ μηδὲ ... πιθανὴν ἐν τῇ προσποιήσει γενέσθαι.
| τὰ μὲν οὖν ἄλλα παρὰ τῆς γυναικὸς ἐναγωνίως συνετραγῳδεῖτο τῇ δόξῃ τοῦ πάθους· ἐκεῖνον δ' ἰδεῖν ποθοῦσα νυκτὸς ᾤχετο, καὶ πάλιν ἐπανῆλθεν. ἐκ δὲ τούτου λανθάνουσα τοὺς ἄλλους ὀλίγον ἀπέδει συζῆν ἐν Ἅιδου τῷ ἀνδρὶ πλέον ἑξῆς ἑπτὰ μηνῶν· ἐν οἷς κατασκευάσασα τὸν Σαβῖνον ἐσθῆτι καὶ κουρᾷ καὶ καταδέσει τῆς κεφαλῆς ἄγνωστον εἰς Ῥώμην ἐκόμισε μεθ' ἑαυτῆς <ἐλπίδων> τινῶν ἐνδεδομένων. πράξασα δ' οὐδὲν αὖθις ἐπανῆλθε, καὶ τὰ μὲν πολλὰ ἐκείνῳ συνῆν ὑπὸ γῆς, διὰ χρόνου δ' εἰς πόλιν ἐφοίτα ταῖς φίλαις ὁρωμένη καὶ οἰκείαις γυναιξί.

B τὸ δὲ πάντων ἀπιστότατον, ἔλαθε κυοῦσα λουομένη μετὰ τῶν γυναικῶν· τὸ γὰρ φάρμακον, ᾧ τὴν κόμην αἱ γυναῖκες ἐναλειφόμεναι ποιοῦσι χρυσοειδῆ καὶ πυρράν, ἔχει λίπασμα σαρκοποιὸν ἢ χαυνωτικὸν σαρκός, ὥσθ' οἷον διάχυσίν τιν' ἢ διόγκωσιν ἐμποιεῖν· ἀφθόνῳ δὴ χρωμένη τούτῳ πρὸς τὰ λοιπὰ μέρη τοῦ σώματος, αἰρόμενον καὶ ἀναπιμπλάμενον ἀπέκρυπτε τὸν τῆς γαστρὸς ὄγκον. τὰς δ' ὠδῖνας αὐτὴ καθ' ἑαυτὴν διήνεγκεν, ὥσπερ ἐν φωλεῷ λέαινα καταδῦσα πρὸς τὸν ἄνδρα, καὶ τοὺς γενομένους ὑπεθρέψατο σκύμνους ἄρρενας· δύο γὰρ ἔτεκε. τῶν δ' υἱῶν ὁ μὲν ἐν Αἰγύπτῳ πεσὼν ἐτελεύτησεν, ὁ δ'

C ἕτερος ἄρτι καὶ πρώην γέγονεν ἐν Δελφοῖς παρ' ἡμῖν ὄνομα Σαβῖνος. ἀποκτείνει μὲν οὖν αὐτὴν ὁ Καῖσαρ· ἀποκτείνας δὲ δίδωσι δίκην, ἐν ὀλίγῳ χρόνῳ τοῦ γένους παντὸς ἄρδην ἀναιρεθέντος· οὐδὲν γὰρ ἤνεγκεν ἡ τόθ' ἡγεμονία σκυθρωπότερον οὐδὲ μᾶλλον ἑτέραν εἰκὸς ἦν καὶ θεοὺς καὶ δαίμονας ὄψιν ἀποστραφῆναι· καίτοι τὸν οἶκτον ἐξῄρει τῶν θεωμένων τὸ θαρραλέον αὐτῆς καὶ μεγαλήγορον, ᾧ καὶ μάλιστα παρώξυνε τὸν Οὐεσπασιανόν, ὡς ἀπέγνω τῆς σωτηρίας πρὸς αὐτὸν ἀλλαγὴν κελεύουσα· βεβιωκέναι γὰρ ὑπὸ σκότῳ καὶ κατὰ γῆς ἥδιον ἢ βασιλεύων ἐκείνως.'
D 26. Ἐνταῦθα μὲν ὁ πατὴρ ἔφη τὸν περὶ Ἔρωτος αὐτοῖς τελευτῆσαι λόγον, τῶν Θεσπιῶν ἐγγὺς οὖσιν· ὀφθῆναι δὲ προσιόντα θᾶττον ἢ βάδην πρὸς αὐτοὺς ἕνα τῶν Πεισίου ἑταίρων Διογένη· τοῦ δὲ Σωκλάρου πρὸς αὐτὸν ἔτι πόρρωθεν εἰπόντος 'οὐ πόλεμόν γ', ὦ Διόγενες, ἀπαγγέλλων', ἐκεῖνον 'οὐκ εὐφημήσετε' φάναι 'γάμων ὄντων καὶ προάξετε θᾶσσον, ὡς ὑμᾶς τῆς θυσίας περιμενούσης;' πάντας μὲν οὖν ἡσθῆναι, τὸν δὲ Ζεύξιππον ἐρέσθαι <εἰ> ἔτι χαλεπός ἐστι. 'πρῶτος μὲν οὖν' <φάναι τὸν Διογ>ένη, 'συνεχώρησε τῇ Ἰσμηνοδώρᾳ· καὶ νῦν ἑκὼν στέφανον καὶ λευκὸν ἱμάτιον λαβὼν οἷός ἐστιν ἡγεῖσθαι δι' ἀγορᾶς πρὸς τὸν θεόν.' 'ἀλλ' ἴωμεν, ναὶ μὰ
Ε Δία', τὸν πατέρ' εἰπεῖν, 'ἴωμεν, ὅπως ἐπεγγελάσωμεν τἀνδρὶ καὶ τὸν θεὸν προσκυνήσωμεν· δῆλος γάρ ἐστι χαίρων καὶ παρὼν εὐμενὴς τοῖς πραττομένοις.'